Die Welt erleben

SÜDTIROL

Welche Quelle der Freude, wenn man die Natur liebt.

Reinhold Messner

Gasthof zum Stern

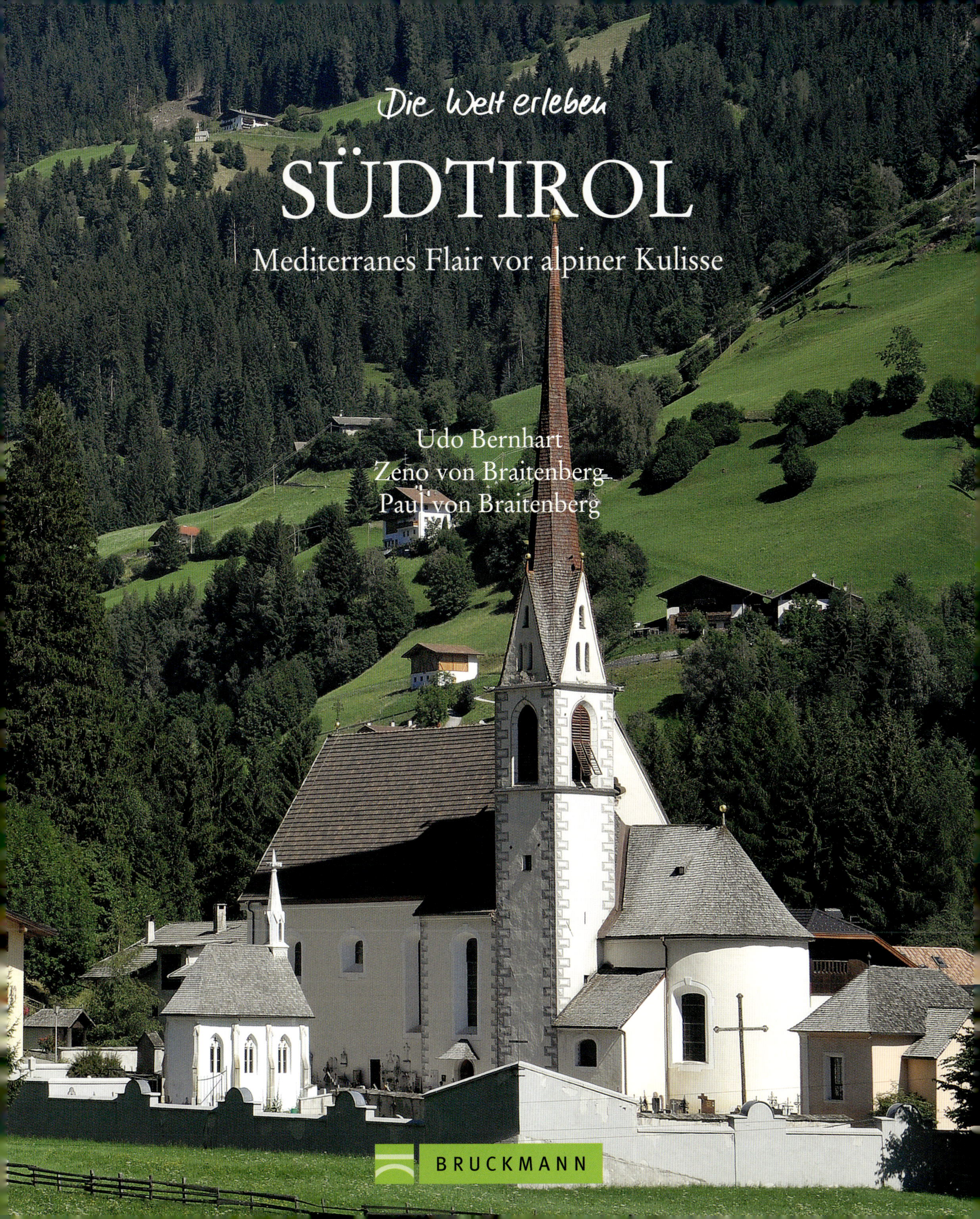

Die Welt erleben

SÜDTIROL

Mediterranes Flair vor alpiner Kulisse

Udo Bernhart
Zeno von Braitenberg
Paul von Braitenberg

BRUCKMANN

Willkommen in Südtirol

Seite 12/13 *Die Altstadt von Bruneck trägt noch immer den Geist der Gründerzeit in sich.*
Seite 14/15 *Eines der vielen Schmuckstücke der Dolomiten: das Drei-Zinnen-Gebiet im Hochpustertal.*
Seite 16/17 *Über dem Hochforch leuchtet der Vollmond auf den Naturnser Sonnenberg.*

Weißwand
3016 m
Pflersch
Maiern
Ridnauntal
Timmelsjoch
2509 m
Passeiertal
Ratschings
Ratschingstal
Jaufen
Jaufenpass
2099 m
Moos
St. Leonhard
St. Martin
Passeiertal
Weißenbach
Sarntal
Reschenpass
1507 m
Langtauferer Tal
Melag
Reschen
Graun
Reschensee
Weißkugel
3738 m
Similaun
3602 m
St. Valentin
auf der Haide
Haidersee
Etsch
Planeiltal
Salurnkamm
Texelgruppe
Vernagt
Unser Frau in Schnals
Schnals
Schnalstal
Gigot
2998 m
Kloster
Marienberg
Schlinig
Burgeis
Mals
Schleis
Matscher Tal
Algund
Tirol
Schenna
Partschins
Meran
Glurns
Schluderns
Taufers
Juval
Naturns
Marling
Sarntal
Schlanders
Tscherms
Etsch
Laas
Latsch
Kastelbell
Vinschgau
Lana
St. Pankraz
Stilfs
Suldental
Völlan
Mölten
Tisens
Vilpian
Hasenöhrl
3257 m
Martell
St. Walburg
Stilfserjoch
2757 m
Ortler
3905 m
Sulden
Martelltal
Ultental
Jenesien
Gampenjoch
1512 m
Terlan
Andrian
St. Nikolaus
Ortlergruppe
St. Gertraud
Bozen
Eppan
Girlan
Leifers
Überetsch
Mendelpass
1363 m
Kaltern
Branzoll
Kalterer
See
Etsch
Aldein
Tramin
Etschtal
Montan
Gschnon
Kurtatsch
Neumarkt
Margreid
Laag
Kurtinig
Altrei
Salurn

Wipptal
Brennerpass
1375 m
Pfischer Joch
2251 m
Gran Pilastro
Hochfeiler
3510 m
St. Jakob
Pfitsch
Gossensaß
Pfitschertal
Wiesen
Napf-Spitze
2888 m
Nieves-
Stausee
Lappach
Schwarzenstein
3368 m
Wollbach-Spitze
3210 m
Rauchkofel
3251 m
Kasern
Prettau
Ahrntal
Steinhaus
Klammjoch
2298 m
Durreck
3130 m
Luttach
Rein in Taufers
Sand in Taufers
Reintal
Hochgall
3435 m
Staller Sattel
Mühlwalder Tal
Taufererer Tal
Antholzer Tal
Gitsch
2510 m
Mauls/Freienfeld
Penser Joch
2214 m
Eisacktal
Terenten
Obervintl
Gais
Rasen-Antholz
Gsieser Tal
Pfalzen
Kiens
Bruneck
Percha
Mühlbach
Franzensfeste
St. Lorenzen
Pustertal
Reischach
Alpen
Schabs
Natz
Lüsen
Welsberg
Rienz
Vahrn
Neustift
Lüsener Tal
Kronplatz
2273 m
Toblach
Innichen
Durnholzer
See
Brixen
Martin
Plose
2245 m
Abteital
Enneberg
Prags
Toblacher See
Sexten
Sextental
Eisack
St. Martin
Pragser
Wildsee
Höhlensteintal
Dreischuster-
Spitze
3145 m
Würzjoch
2004 m
Villanders
Geislerspitzen
3025 m
Naturpark
Sextener
Dolomiten
Bad
Dreikirchen
Klausen
Gufidaun
Villnösser Tal
St. Magdalena
Hohe Gaisl
3139 m
Drei Zinnen
2998 m
Horn
60 m
Barbian
Dolomiten
Gadertal
Abtei
Kreuzkofel-
Gruppe
Grödnertal
Kastelruth
St. Ulrich
St. Christina
Wolkenstein
Stern
St. Kassian
Burgstall
Kollfuschg
Ritten
Seis
Corvara
Cortina d'Ampezzo
Grödner Joch
2121 m
Sella-
gruppe
Völs
Seiser Alm
Langkofel
3181 m
Sellajoch
2180 m
Passo di Campolongo
1875 m
Schlern
2564 m
Tiers
Rosengarten
2981 m
Karerpass
1745 m
Welschnofen
Obereggen
N
0
5 km

GASTHOF
KRONE
RESTAURANT
patagonia

Mediterranes Flair vor alpiner Kulisse erleben

Südtirol im dritten Jahrtausend nach Christus. Südtirol ist von italienisch- und deutschsprachigen Menschen bevölkert. Ganz Südtirol? Nein! Einige von unbeugsamen Ladinern bevölkerte Täler hören nicht auf, der Politik der definierten Trennung Widerstand zu leisten. Aber ganz so wie bei Asterix verhält es sich dann doch nicht. Der ganze Charme des Landes zwischen dem Brenner und Salurn kommt erst durch das Zusammenwirken der drei Sprach- und Kulturgruppen zustande, und das positive Bewusstsein für ein solches Zusammenleben wird für alle immer klarer.

Rieserferner: Zum Greifen nah ist der Kreuzkofl bei St. Kassian.

Ein Streifzug durch Südtirol

Man braucht ein gutes Stück Fantasie, um zu verstehen, wohin der Satz gehört: »Geschäftsvorfall in Abwicklung«. Zu lesen bekommt ihn, wer Geld vom Bankomaten will. Zuallererst darf man die Sprache wählen. Fällt die Wahl auf »italiano«, bescheinigt das Gerät seinen Willen zu kooperieren mit den Worten »operazione in corso«. Fällt die Wahl auf »deutsch«, schnauzt der Bildschirm: »Geschäftsvorfall in Abwicklung« zurück und man weiß, man ist in Südtirol.

Das offizielle Gebot der Zweisprachigkeit ist zusammen mit dem sogenannten Proporz eine der wichtigsten Errungenschaften der Südtiroler. Der Proporz, der in Südtirol schon Ende der 1950er-Jahre eingeführt wurde, regelt das Verhältnis der öffentlichen Stellenvergabe an die deutsch- und italienischsprachigen Südtiroler. 70 Prozent Deutsche, 30 Prozent Italiener – das ist der demographische Hintergrund. An die 20 000 Stellen werden heute proportional vergeben. Alle Verwaltungsplätze, jene in den Museen, Richter, Ärzte und natürlich alle Stellen in staatlichen oder exstaatlichen Betrieben, wie Post oder Bahn. Die Inhaber all dieser Stellen sind theoretisch zweisprachig, haben sich bei der letzten Volkszählung im Prinzip der »richtigen« Sprachgruppe zugehörig erklärt und sind nun offiziell kompetent.

Theoretisch, im Prinzip, offiziell? Nun, man erzählt sich Geschichten wie beispielsweise die eines Mediziners, der sich um eine Arztstelle im Bozner Krankenhaus bewarb. Er gehörte der richtigen Sprachgruppe an, konnte prima Deutsch und Italienisch, nur mit dem Fachlichen haperte es ein bisschen … – aber er bekam seine Stelle trotzdem. Denn der andere, der Bessere, war Italiener, und ein anderer Italiener hatte erst kurz zuvor aus denselben Gründen einen hervorragenden – deutschen – Chirurgen ausgestochen.

»Fatta la legge, trovato l'inganno«, sagen die Italiener weiter südlich der Sprachgrenze, und sie meinen damit, dass man in einem Land, in dem es deutlich mehr Regierungen als Nachkriegsjahre gibt, unmöglich alle Gesetze, die im Arbeitseifer der jeweils neuen Legislative entstehen, befolgen kann. Ist das Gesetz einmal da, findet man auch einen »inganno«, einen listigen Ausweg.

Auch in Südtirol, zum Beispiel bei der Vergabe von Richterstellen. Einmal, gar nicht so lange her, da wurden 20 solche Stellen ausgeschrieben. Sieben für Bewerber der deutschen, 13 für jene der italienischen Sprachgruppe. Alle mussten eine fachliche Prüfung ablegen, fünf bestanden sie letztendlich. Darunter drei italienisch- und zwei deutschsprachige Richter. Hinterher stellte sich heraus, dass beide offiziell deutschsprachigen Bewerber eigentlich Italiener waren. Die Proporz-Geschichte kennend und vor allem mit dem 70/30-Schlüssel im Hinterkopf, hatten sie sich bei der letzten Volkszählung einfach der anderen Sprachgruppe zugehörig erklärt.

Davon abgesehen, dass sich die italienischen Juristen seither lauthals über ihre deutschsprachigen Kollegen lustig machen, weil nur zwei falsche, aber kein echter die Prüfung bestanden hat, wurde klar, dass hier ein neuer Modus gefunden werden musste. Man fand ihn: Seit dieser unrühmlichen Episode ist die Sprache bei öf-

1 *Wie in alten Zeiten wird das Heu noch in Handarbeit zusammengetragen.* – 2 *Was Kulturlandschaft bedeuten kann, erkennt man eindrucksvoll an den steilen Hängen des Vinschgauer Sonnenbergs.*

1

2

fentlichen Wettbewerben nicht mehr frei wählbar: Geprüft wird heute in der Sprache, die der Kandidat bei der Sprachgruppenzugehörigkeitsklärung angegeben hat. Mogeln kann dann nur mehr der, wer wirklich perfekt zweisprachig ist, und dem sei Mogeln gestattet.

Es geht nicht um die Muttersprache allein, es ist eine Art Gewissenserklärung, dem Bekenntnis einer Sprachgruppe anzugehören. Man hat sich deutsch zu fühlen, oder italienisch. *Tertium non datur. Tertium datur* aber doch. Und wenn man schon humanistisch daherkommen will, gilt in Anlehnung an den alten Caesar und seine gallischen Freunde auch ein weiterer lateinischer Satz: *Tirolis omnia divisa est in partes tres.*

Geografisch gesehen zum Beispiel. Von einem kleinen napoleonischen Intermezzo abgesehen, umfasste das alte Tirol bis zum Ende des Ersten Weltkrieges ein Land: Ost-, Nord- und Südtirol. Die Überschreibung des südlichen Teils an Italien brachte das zähe Tiroler Herzblut in Bewegung. Wen mag es da wundern, dass das Interregnum der NS-deutschen Verwaltung zwischen dem Jahr 1943 und Kriegsende als zwischenzeitlicher Segen empfunden wurde. Auch heute noch gibt es Politiker, die in der Folge dieser Empfindung sagen, dass 1943 das Jahr der Befreiung war, und dafür müssen sie nicht mal zurücktreten. Adolf Hitler soll in München einmal gesagt haben, dass die Südtiroler ihn einen Dreck interessieren. Als er aber im Einvernehmen mit seinem Amtskollegen Mussolini die Südtiroler 1939 vor die Wahl zwischen dem faschistischen Italien und dem nationalsozialistischen Deutschland stellte, optierte dennoch die überwiegende Mehrheit für Deutschland – auch aus Angst, andernfalls wie von den Leuten der damaligen NS-Propaganda prophezeit, nach Süditalien ziehen zu müssen.

Davon abgesehen geht selbst die Feststellung, dass ganz Südtirol von italienisch- und deutschsprachigen Menschen bevölkert ist, an der Realität vorbei. Ganz Südtirol?, müsste man fragen. Nein! »Ich habe das Gefühl«, sagt Raffael Kostner, Bauer, Hüttenwirt und Bergretter, »dass wir Ladiner in gewissen Sachen einfach ein bisschen anders denken.« Er fühlt sich weder besonders italienisch noch besonders deutsch. Als Ladiner gehört er zu den ältesten, weil romanischen Bewohnern der Dolomitentäler, und er stellt fest: »Für die Deutschen sind wir Italiener, für die Italiener sind wir Deutsche.« So einfach kann es sein, und als Bergretter ist es ihm egal, welche Sprache ein Lawinenverschütteter gurgelt. Sprache ist in Südtirol überhaupt eine Sache für sich.

»Fließend Deutsch und warmes Wasser«, das war einer der Werbesprüche, die für den Südtiroler Fremdenverkehr entwickelt wurden, und natürlich weisen die Touristiker auch gerne auf den Vorteil hin, dass sich hier deutsche und italienische Gäste ihrer Muttersprache bedienen können. Ein

1 *Immer mehr Fahrradtouren werden angeboten, hier um den Reschensee.* – 2 *Die spätere Reifezeit macht das Martelltal zu einem Qualitätsanbaugebiet für Erdbeeren.* – 3 *Jungbauer zu werden, wird langsam wieder interessant.* – 4 *Rodeneck gehört zu den ruhigsten Ecken des Landes.* – 5 *Im Kloster Säben wird Ruhe gelebt.*

Land – zwei Sichtweisen: Wer von Süden kommt, sieht das Tirol auf italienischem Staatsgebiet, wer von Norden anreist, freut sich über italienisches Flair im deutschen Sprachraum. Dazwischen liegt das Südtiroler Unterland, wo die Grenzen zwischen den beiden Landessprachen verschwimmen. »I halt dir die Kompanie«, sagt etwa einer, der einem Gesellschaft leisten will, und das ist nichts anderes, als die direkte Übersetzung der italienischen

Formel »ti tengo compagnia«. In derselben Gegend fährt man »einen Camioncino mit walscher Targa«, wenn man einen Kleintransporter mit italienischem Kennzeichen besitzt, und geflucht wird sowieso im ganzen Land auf Italienisch. »Je mehr wir trennen, desto besser verstehen wir uns«, hat ein Südtiroler Politiker einmal gesagt.

Aber das ist lange her und heute wohl auch als Position überholt. Im Jahr 1982, bei der Fußball-Weltmeisterschaft, als Italien und Deutschland im Finale standen, enthielt das Spiel noch politisch und gesellschaftlich explosive Elemente. Es war die Zeit der zweiten Bombenattentatswelle, als der Vergleich mit Nordirland nicht allzu abwegig war. Der italienische Geheimdienst hatte damals seine Finger im Spiel. Bomben wurden gezündet, nur um dies dann den anderen in die Schuhe zu schieben.

Wenn heute Italien im Fußball gewinnt, dann ziehen zwar italienischsprachige Fans mit wehenden Fahnen durch Bozen und johlen vor dem umstrittenen faschistischen Siegesdenkmal. Sie werden dafür von ihren deutschsprachigen Altersgenossen nicht besonders geliebt, aber das Spiel haben sie sich trotzdem angesehen, und freuen tun sie sich auch. Vielleicht stehen einige sogar am Straßenrand und sehen dem Taumel zu.

Mehr noch: Wenn Südtiroler Studenten im benachbarten Ausland studieren, schimmert nicht selten ein bisschen Stolz durch die Feststellung, dass man zwei Sprachen spricht und sich als Italiener deutscher Muttersprache bezeichnen kann.

Als emotives Merkmal ihrer Herkunft gewinnt für die Jugendlichen im Lande der Dialekt immer mehr an Bedeutung. Schüler schreiben sich Briefe im Dialekt, und an Abendschulen kann man das Südtiroler Idiom pauken. Diese neue Liebe zur Mundart hat aber auch Schattenseiten. Zum Beispiel bei der Zweisprachigkeitsprüfung, die als Voraussetzung für alle Stellen im öffentlichen Dienst abgelegt werden muss. Häufig müssen die deutschsprachigen Kandidaten diese Prüfung noch einmal wiederholen, weil sie die hochdeutsche Sprache nicht sauber genug herüberbringen.

Die Frage steht natürlich im Raum: Ist die deutsche Hochsprache eine Fremdsprache für Italiener und Deutsche im Land? Bei der Diskussion darüber, ab wann den deutschsprachigen Kindern in der Schule der Italienischunterricht zugemutet werden kann, wurde dieses Argument manchmal ins Feld geführt. Zuerst müsse man Deutsch lernen, hieß es damals immer. Letztendlich wurde der Zweitsprachenunterricht ab der ersten Schulklasse trotzdem eingeführt. Dass die Notwendigkeit Deutsch zu lernen tatsächlich besteht, zeigt ein Blick in die handelsüblichen Speisekarten. Viele Südtiroler und Südtirolkenner haben es sich zur erheiternden Aufgabe gemacht, das Land nach korrekt verfassten »Menukarten« zu durchforsten. Erfolgsmeldungen gibt es bisher keine. »Knödel mit Pilze(n)« zum Beispiel haben sich längst durchgesetzt, und hier und da trifft man auch auf die »Omelette mit Preiselbeere«. (Keine Sorge: Es ist dann doch mehr als eine Preiselbeere dabei.) Südtiroler sind unkompliziert, und sie stellen sich eigentlich immer weniger oft die Frage, wohin sie wirklich gehören. Österreich, Italien, Europa ...??? Ein Volkslied bringt es auf den Punkt: »Tirol isch lei oans, a Landl a kloans.«

1 *Ziegenkäsekeller im Gamsegg-Hof im Langtauferer Tal.* – 2 *Das barocke Kirchlein St. Johann in Ranui verleiht der imposanten Berglandschaft etwas Liebliches.*

Eisacktal & Wipptal

Eisacktal und Wipptal sind in Südtirol eigentlich eins. Nämlich jenes Tal, durch das der Eisack fließt. Aber die beiden Namen sind auch emotionale Orientierungspunkte: Wipptal heißt das Tal, das sich vom Brenner nordwärts erstreckt, aber bereits etwas südlicher beginnt – der Eisack ist ein Südtiroler Fluss. Der Herzschlag der Südtiroler war immer auch in Österreich zu hören, und die Verbindung der Bewohner des nördlichsten Südtiroler Talabschnitts zu ihren Nordtiroler Landsleuten war immer besonders stark. Berge sind hier vor allem natürliche Grenzen, die Politik macht sie nicht unüberwindbarer.

Villnöß und die St. Peter-Kirche sind der Ausgangspunkt für viele schöne Wanderungen.

Südtirol aus dem Augenwinkel

Pflerschtal – Ridnauntal – Barbian – Dreikirchen – Kloster Säben – Brixen

Wer nach Südtirol will, fährt meistens über den Brenner, und wer über den Brenner nach Bozen will, fährt über die Autobahn durch das Eisacktal. Damit hört die Information über das Eisacktal für viele Südtirolbesucher auch schon auf.

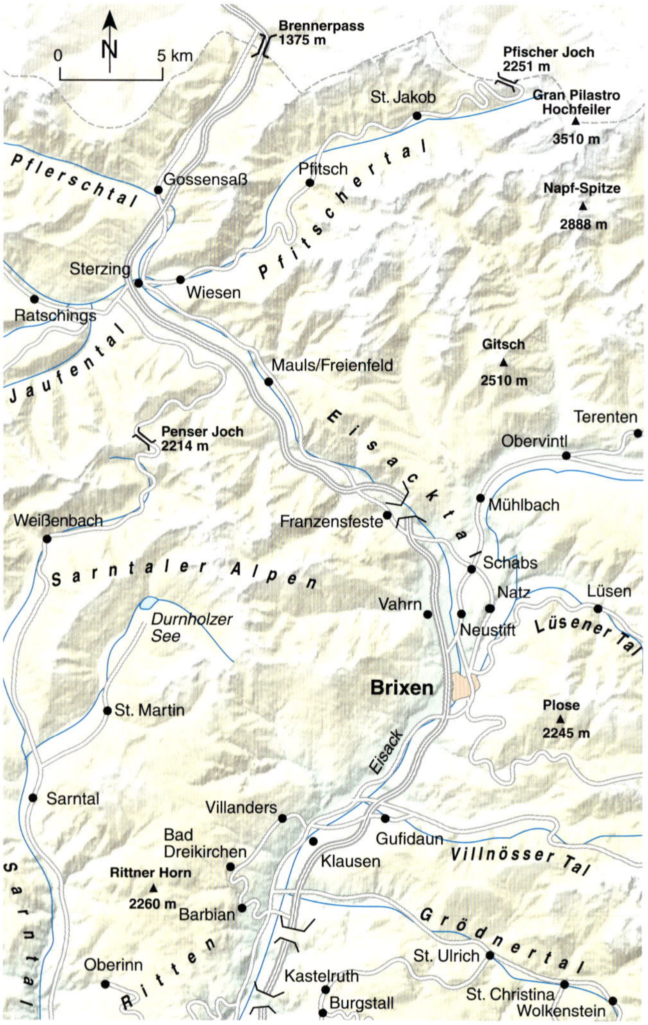

Zu Unrecht. Schon Goethe beschwerte sich zu Beginn seiner Italienreise darüber, dass sein Entree ins Land missglückte. »Die Postillions«, notierte er im Tagebuch, »fuhren, dass einem Hören und Sehen verging, so dass es mir leid tat, diese herrlichen Gegenden mit der entsetzlichen Schnelle und bei Nacht wie im Fluge zu durchreisen.« Zugegeben, der Brenner bot damals auch schon nicht die Masse an Attraktionen, und Goethe ließ sich wohl gerne dazu überreden, die Nacht nicht in der dortigen Poststation zu verbringen. Trotzdem, irgendwas tut sich bei jedem Reisenden, der den Brenner gen Süden überquert. Ohne den österreichischen Tirolern zu nahe treten zu wollen, es gibt ein Phänomen, das viele Südtirolreisende beobachten: Kaum verlässt man den Niemandsland-Tunnel auf der Südseite, macht sich eine Stimmung von Sonne, holprigen Straßen, Pinien und Cappuccino bemerkbar, und wenn man erst mal den ersten echten Cappuccino ausgeschlürft hat, ist man mittendrin. Eigenartig irgendwie, wie sich die Touristenströme überkreuzen: Die Gäste aus dem Norden zieht es meist viel weiter in den Süden des Landes, die italienischen Urlauber fahren bis an die Grenze und verbringen ihre Ferien in einem der nördlichsten Seitentäler Südtirols. Pfitsch, Pflersch und Ridnaun sind die Seitentäler, die vom Brenner kommend in das obere Tal des Eisacks, das Wipptal, münden. An sich sind diese Namen phonetisch unüberwindbare Hürden für italienische Zungen, aber gerade das macht wohl den Reiz aus. In den 1950er- und 1960er-Jahren war das Pflerschtal eine beliebte Schmuggelroute von Österreich nach Italien. Die Zeiten haben sich geändert, gottlob! Und statt der Schmuggler sind auf derselben Route heute Wanderer und Biker unterwegs. Walter Dorfmann etwa hat die italienisch-österreichische Grenze oft inoffiziell überschritten und in den 1950er-Jahren das Zillertal besucht, um dort auf der Berliner-Hütte die Alpenvereinsausbildung als Bergführer zu machen. Topografisch gesehen beginnt das Eisacktal mit der alten Brixner Klause. Nördlich davon heißt es Wipptal, genau wie auf der österreichischen Seite, jenseits der Wasser- und Wet-

1 *»Der Pfarrer von Pflersch hats Pfingstbsteckt zspat bstellt.« Sprachliche Höllenqualen für italienische Zungen im paradiesischen Pflerschtal.* – 2 *Hof in St. Anton im Pflerschtal, im Hintergrund erhebt sich die Weißwand.*

1

2

terscheide – obwohl der Eisack schon an der Staatsgrenze entspringt.
Walter Dorfmann war in seiner aktiven Zeit nicht nur Bergführer und Heimatpfleger, der Mann ist auch Geologe, Biologe, Publizist und Rebell. Sein Vater war Gemeindearzt in Klausen, »und ein überzeugter Liberaler«, wie Walter sagt, was zu seiner Zeit ungefähr gleichbedeutend war mit »Rebell«. Stolz präsentiert er die Schmuckstücke seiner näheren Heimat und erzählt nebenher Geschichten, die Südtirol bedeuten. »Einmal«, erzählt er, »ist mein Vater in der Nacht auf einen Bergbauernhof gerufen worden.« Eine Frau war wegen einer Schräglage des zu gebärenden Babys in Lebensgefahr und Vater Dorfmann eilte zu Hilfe. Aus irgendeinem Grund beschloss er damals, den jungen Walter mitzunehmen. Am Krankenbett überschlugen sich die Ereignisse. Während des Eingriffs fiel inmitten der ganzen Aufregung eine Öllampe auf den Boden, und der Arzt löschte mit einer Hand das Feuer, während er mit der anderen das Kind weiter in die richtige Position brachte. Am Ende waren Mutter und Kind wohlauf, und als der Arzt danach zum Bauern in die Stube ging, um ihm die gute Nachricht zu überbringen, sagte der Bauer: »Dös wird jetzt net allzu viel kosten, Herr Doktor«, und Vater Dorfmann haute ihm eine herunter. »Das ist der ganze Lohn, den ich verlange«, antwortete er. »Holzkopf«, mag man in Richtung Bergbauer denken. Aber das ist über ein halbes Jahrhundert her, »und es war das einzige Mal, dass mein Vater es für notwendig empfand, die Hand gegen jemanden zu erheben«, sagt Walter. In Barbian, südlich von Klausen am Berghang, steht das erste Schmuckstück, das Walter Dorfmann stolz präsentiert. Der Weg führt vorbei am schrägen Kirchturm, der wie ein eingefrorenes Pendel über dem Dorfkern thront, und hin zum letzten Hof auf der südlichen Dorfausfahrt: der Frühauf-Hof, vermutlich einst das Gerichtshaus der Gegend. Mitunter wurde diese klassisch-alpenländische Architekturschöpfung als »eines der vortrefflichsten Werke alpenländischen Bauens im Raum zwischen Großglockner und dem Wallis« bezeichnet (Rudolph-Greiffenberg), und diese Euphorie ist durchaus nachvollziehbar.
Heute gehört der Hof einem Hamburger Architekten. Dessen Vater, Johannes Wagner, war Bankier, Verleger und ein Freund von Walter Dorfmann. »Ein ganz besonderer Mann«, sagt dieser, »intelligent und großzügig.« Ganz offensichtlich hatte Wagner auch Geschmack und verliebte sich zur rechten Zeit in den rechten Ort. Als er die Restaurierungsarbeiten abgeschlossen hatte, bekam er eine Auszeichnung für fachgerechtes Restaurieren. »Der Bauer, dem der Hof gehörte«, erzählt Walter, »wollte das alte Gebäude eigentlich abreißen, weil er keine Verwendung dafür hatte«, und während Walter das sagt, hat man für einen Moment den Eindruck, als könnte man in der Denkblase hinter seinen Augen das Wort »Holzkopf« lesen. Vom zur Perfektion gebrachten Garten des Frühauf-Hofes sieht man Richtung Westen den Barbianer Wasserfall. »Da gehen wir hin«, sagt Walter. Der Weg ist nicht beschwerlich, aber manchmal steil, und der Krafthaushalt ist unterschiedlich. Walter geht

2

ruhig, gleichmäßig und mit der Überlegenheit des geübten Bergführers, ein beleibter Tourist fragt unterwegs fast japsend, wie weit es noch bis nach oben ist, ein viel älterer Bauer posiert stolz und ausdauernd mit seiner Kraxe und der schweren Milchkanne für die Kamera. Die tosenden Wassermassen beeindrucken.
Am 17. August 1891 zerstörte die Kraft des Ganderbachs nach einer Serie von Wolkenbrüchen das darunterliegende Kollmann. 13 Häuser und 33 Menschen-

1 *Tosende Stromschnellen charakterisieren die Gilfenklamm im Ridnauntal.* – 2 *Dreikirchen: Jeder Wanderer braucht mal eine Pause.*

1

2

3

leben kostete die Katastrophe, ein Stausee verwüstete den Ort.
»Im Winter kommen hier wagemutige Sportler zum Eisklettern her«, erzählt Walter Dorfmann, »und im Sommer habe ich einmal an der oberen Rampe des Wasserfalls gebadet.« Beides verursacht ein flaues Gefühl in der Magengegend.
Am Rande des Wasserfalls wächst Baldrian. Weiter geht es durch den Wald, bergauf und oben Richtung Dreikirchen. Walter erzählt. Von der Nacht zum Beispiel, in der er als Jugendlicher mit seinem Freund in den Wald geschickt wurde, um den Schriftzug »Freiheit für Südtirol« von einem Stein zu kratzen, den die beiden zuvor statt der regulären Wegmarkierung für den Alpenverein hingepinselt hatten; vom Bürgermeister von Barbian, der es schaffte, zuerst ein polemisches Theaterstück zu schreiben, in dem jeder sein Fett abbekam, und kurz danach trotzdem gegen den alteingesessenen Bürgermeister zu gewinnen.
Einmal bleibt Walter stehen und zeigt auf die andere Seite des Tales. »Das da drüben ist Albions«, sagt er, »ein Dorf zum ›Sie‹-Sagen.« Das kleine Dorf gehört heute immer noch zu den urtümlichsten im Eisacktal. Die Häuser und Höfe gruppieren sich licht um die sehenswerte St.-Nikolaus-Kirche, »und der Seitenaltar mit dem heiligen Georg im Hochrelief gehört zu den schönsten in ganz Tirol«, sagt Walter. »Als der Gemeinderat von Lajen, der auch für Albions verantwortlich ist, das Dorf asphaltieren wollte, legten sich die Albionser Gemeindevertreter quer«. Stattdessen werden nun die Dorfstraßen Stück für Stück mit Pflastersteinen versehen. Die Zeit verstreicht langsamer in Albions, und Walter, der Heimatpfleger, macht ein zufriedenes Gesicht. Dreikirchen ist Name und Programm. Das Interessante dabei ist, dass eigentlich niemand ganz genau weiß, warum die drei Kirchen so eng beieinander gebaut wurden. Theorien gibt es viele, aber keine geht über Vermutungen hinaus. Einig ist man sich nur darüber, dass die Geschichte Dreikirchens auch ein Kapitel über vorchristliche Kultstätten enthalten muss. Weibliche Quellgottheiten sollen dabei eine Rolle spielen und ein Wasserheiligtum, um das sich noch heute feministische Jünger und junge Feministinnen scharen. Alle drei Kirchen von Dreikirchen sind sehenswert: St. Gertraud, die älteste, St. Nikolaus, die wertvollste und St. Magdalena, die größte. »Allerdings«, erzählt die Wirtin des danebenliegenden Messnerhofes, »wird die St. Nikolauskirche als einzige ›männliche‹ Kirche von den Kult-Damen am wenigsten geliebt«. Was soll's, dafür gilt der darin enthaltene Flügelaltar als eines der bedeutendsten Werke der Tiroler Spätgotik. Wer hierher kommt, hat es nicht eilig. Man erreicht diesen gesegneten Ort nur zu Fuß, und zu Fuß bewegt man sich hier auch weiter.

1 *Auf dem Pretzhof gibt es nicht nur köstlichen Wein.* – 2 *Das Grauvieh ist eine althergebrachte Südtiroler Kuhrasse.* – 3 *Karl Maier begutachtet in seinem Käsekeller im Pretzhof in Wiesen den Reifeprozess.* – 4 *Der »Zwölferturm« bildet das Zentrum der Shopping-Straße von Sterzing.* – 5 *Die Neustadt in Sterzing heißt zwar so, stammt aber aus dem 15. Jahrhundert.*

4

5

Nach Briol etwa, wo 1908 Christian Morgenstern seine Ruhe und ganz nebenbei auch seine Frau fand. Auf dem Weg hinunter ins Tal tritt langsam wieder die Autobahn in Erscheinung. Statistisch gesehen sind in der Zwischenzeit rund 60 000 Menschen auf ihr vorbeigerauscht, sodass ihnen Hören und Sehen verging.

Kloster Säben: Maß in allem

Folgt man der Autobahn nun gen Norden, erreicht man Klausen und genießt den Blick auf den Säbener Berg. Die Demut stellt sich ganz von allein ein, wenn man sich auf den steilen Weg zum hiesigen Kloster macht: Die mächtige Anlage auf dem Porphyrfelsen atmet Geschichte. Schon die Römer kannten sie im 4. Jahrhundert als Sebenum, heute ist das Kloster der Benediktinerschwestern das älteste Zeugnis christlicher Tradition in Südtirol. Als einmal eine von Reinhold Messner angeführte Gruppe deutscher Top-Manager nach Säben kam und die Äbtissin dieser geballten Wirtschaftsmacht gegenüber stand, ließ sie es sich nicht nehmen, die Benediktiner-Regel besonders deutlich hervorzuheben: »Maß halten in allem«, sagte sie, und fügte dann noch hinzu, »das täte auch Ihnen gut«. Die Manager mögen es gerne hingenommen haben. Der Blick von oben ins Tal und natürlich die Klosteranlage selbst, in der man übrigens auch einfache und kontemplative Ferientage verbringen kann, sind mit weltlichem Maß kaum zu messen.

Ruhe in Brixen

Noch ein Stück weiter Richtung Brenner liegt schließlich mit Brixen die drittgrößte Stadt und das Zentrum der christlichen Geschichte Südtirols. Die 1100 Jahre alte Stadt ist eine Stadt der Brixner, so sieht es eine hiesige Gastwirtin. »Die Restaurants und Geschäfte in der Innenstadt«, sagt sie, »leben hauptsächlich von den Einheimischen.« Ob das so stimmt? Tatsache ist, dass man bei einem Spaziergang durch die Altstadt erholsame Ruhe spürt, und die Brixner vermitteln den Eindruck, dass sie diese Ruhe sehr zu schätzen wissen. Trotzdem sind sie gastfreundlich und das sogar mit dem höchsten Segen. Papst Benedikt XVI. liebte es, seinen Sommerurlaub hier zu verbringen, und darauf sind die Brixner natürlich stolz. Klug sind sie in ihrem Selbstporträt: »Jedes Zeitalter«, heißt es, »schafft etwas für die Menschheit, wichtig ist, dass die Menschheit das Geschaffene erhält. Der Türknauf, der Rundbogen, die Freske, das Palais, die Lauben, der Dom. Kleine und große Dinge, Bauten, die von gestern erzählen und trotzdem in der heutigen Zeit leben. Kennen und Wissen ist nicht alles, aber viel. Und gerade vor diesem Bühnenbild fällt bei vielen der Würfel.« Der Brixner Bischof Cusanus kommt einem in den Sinn. Im 15. Jahrhundert regierte der berühmte Philosoph und Mathematiker, der eigentlich Nikolaus von Kues hieß, hier, in der Brixner Hofburg und stritt mit dem damaligen Landesherrn, Sigmund dem Münzreichen, um die Vorherrschaft. Nebenher dachte er über »De ludo globi«, das Spiel des Lebens nach, und ließ eine angeschnittene Holzkugel formen, die seine Gäste wie beim Kegeln in einen Kreis auf dem Boden holpern lassen mussten. Der Zufall spielte mit, die Erkenntnis: das Leben ist nicht lenkbar. Letztlich musste Cusanus gegenüber seinem Landesherrn klein beigeben. Mit der Säkularisierung der kirchlichen Besitztümer, 1803, kam das Ende des geistlichen Reichsfürstentums Brixen, zu dem auch Klausen, Bruneck und einige Landgerichte gehörten, und als 1964 der Bischof in die Landeshauptstadt Bozen umzog, kehrte endgültig jene Ruhe in die Stadt ein, die höchstens noch einmal im Jahr vom Besuch des Papstes unterbrochen wird.

1 *Die Bauten in Brixen erzählen von gestern und bestehen dennoch in der heutigen Zeit.* – 2 *Der Kreuzgang im Dom zu Brixen gehört zu den ehrwürdigsten Denkmälern des Landes.*

Seite 36/37: 1 und 3 *Das Augustiner Chorherrenstift Kloster Neustift …* – 2 *… birgt eine prachtvolle barocke Bibliothek.* – 4 *Der Brunnen im Garten ist hübsch überdacht.*

1

2

3

4

1

Sylvaner 10-Köfererhof 3,90
Sauvignon 08-Tramin 3,50
Puten 09 3,50
10-Manincor 3,40
Rungg 08-Tramin 3,60
08-Eberlehof 4,00
PREISE
KAFFEE 120 140
CAPPUCCINO 200
LIMONADEN 180
SAEFTE 200
SCHNAPS 250 600
WEIN 120
BIER 180
SELTZ 090
TEE 150

2

1 *Die Schutzhütte am Latzfonser Kreuz mit Blick auf die Dolomiten.* – 2 *In Gufidaun freut sich Maria Gasser im »Turmwirt« auf ihre Gäste.* – 3 *Haflinger: eine typische Pferderasse aus Südtirol.* – 4 *Das Gasthausschild weist den Weg.* – 5 *Die kleine mittelalterliche Stadt Klausen zählt rund 5000 Einwohner.*

Pustertal

»Schöne Welt – böse Leut«, hat der Pusterer Schriftsteller Claus Gatterer seine Bestseller-Beobachtungen des Pustertales genannt. Diese Kindheitserinnerungen Gatterers, in dessen Namen alljährlich in seinem Heimatort Sexten ein Journalistenpreis vergeben wird, gehen auf eine für Südtirol besonders wichtige Zeit zurück: die Nachkriegszeit des Ersten Weltkriegs, als die heutigen Grenzen Südtirols festgesetzt wurden. Aber Gatterer ist nicht die einzige berühmte Gestalt, die mit dem Pustertal in Verbindung steht. Gustav Mahler ist auch eine und natürlich die überragenden Gestalten der Drei Zinnen.

Die Drei Zinnen sind imposanter – und zahlreicher – als ihr Ruf.

Das grüne Tal, und das ist nicht nur Käse

Toblach – Brixen – Dietenheim – Ahrntal – Prettau – Steinhaus

Was steckt bloß hinter »Luchta«? Was bedeutet »Fochina«? Und was hat man sich unter einem »Tallale« oder einem »Kachile« vorzustellen? Nur so viel: Dies alles hat mit dem Pustertal zu tun.

Schüchtern sind sie ja nicht, die Pusterer. Schon gar nicht, wenn es darum geht, ihre Heimat, das sogenannte »grüne Tal«, zu beschreiben. Zum Beispiel in einem Prospekt: »Im Anfang«, so steht da, »barst die Erdkruste, höchste Gipfel und Grate formten sich, und Gott sah, dass es gut war: Pustertal.« Für die echten Südtiroler Pusterer hört die Welt westlich der Mühlbacher Klause, wo das Pustertal ins Eisacktal mündet, auf. Was sich zwischen dort und Südtirols Ostzipfel an der Grenze zum österreichischen Osttirol abspielt, genügt ihnen vollauf. Vermutlich liegt das auch daran, dass das Pustertal tatsächlich gut bestückt ist: eindrucksvolle Berge, Schlösser, Seen und natürlich die Drei Zinnen, begehrtes Ziel vieler Alpinisten. (Eigentlich sind es ja vier Zinnen. Aber erstens klingt Drei Zinnen der biblischen Vollkommenheit wegen besser, und außerdem ist das den Pusterern egal. Ihr Selbstbewusstsein käme auch mit anderthalb Zinnen wunderbar zurecht.)

Claus Gatterer, der berühmteste literarische Sohn des Pustertals, hat zu dieser charakterlichen Eigenart wunderbare Geschichten erzählt. *Schöne Welt – böse Leut* heißt der Roman, der den Schriftsteller aus Sexten berühmt gemacht hat, und er beschreibt das Leben typischer Figuren aus der Zeit nach dem Ersten Weltkrieg, einer schwierigen Zeit. Der Krieg hatte Sexten fast zur Gänze zerstört, und nachdem Italien sich am Ende noch geschickt auf die Siegerseite geschlagen hatte und entsprechende Ansprüche stellte, war die große Frage, wo denn die Grenze zwischen Österreich und Italien gezogen würde. Die Konstrukteure des Staatsver-

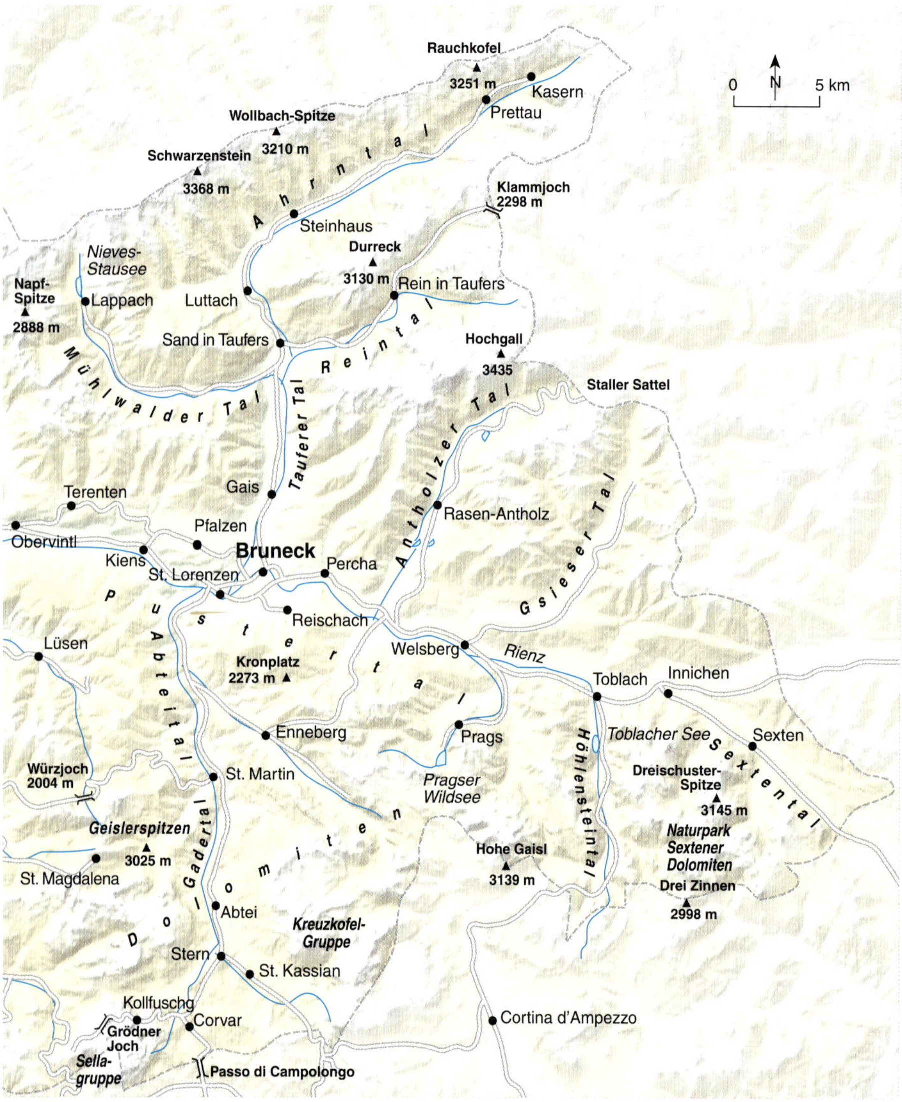

1 *Schloss Rodeneck bei Mühlbach liegt gut sichtbar langgestreckt auf einem schmalen Felsen, der nach drei Seiten hin steil zur Rienzschlucht abfällt.* – 2 *In Südtirol legt man vielerorts noch großen Wert auf alte Traditionen und Methoden.*

1

2

1

2

trags von Saint-Germain waren sich in dieser Sache nicht ganz einig.
Noch im Sommer 1919, ein paar Wochen vor Unterzeichnung des Friedensvertrags, ging man im Pustertal davon aus, dass die Grenze am Toblacher Boden, entlang der Wasserscheide, angesiedelt werden würde. Das Gebiet östlich davon, also Sexten, Innichen, Vierschach, Winnebach und die Drei Zinnen wären dann bei Österreich geblieben. Aber es kam anders. Im letzten Moment tauchte ein Memorandum auf, wonach die neue Grenze über die Kämme von Helm und Silvesteralm und hinter Winnebach quer durch das Drautal gezogen werden sollte. Die Pusterer in Sexten fühlten sich geprellt.
»Alles papperlapapp«, lässt Claus Gatterer einen schweigsamen alten Bauern sagen, dem sie im Krieg das Haus neben der Festung zusammengeschossen hatten, und dessen stoische Philosophie ihm erlaubte, die Menschen gut sein zu lassen und sich selbst den Lohn für sein vierjähriges tapferes Verhalten vor dem Feind auszuzahlen. »Dass wir den Krieg gewonnen haben«, sagt dieser Mann, »weiß jedes Kind. Aber dass wir gleich ganz Italien bekommen würden, hätte ich nicht gedacht.« Ein Pusterer bleibt ein Pusterer, selbst historische Ereignisse werden da zur Ansichtssache. Das Pustertal ist ein extrem gastfreundliches Gebiet. Ganz gleich welche Sprache man spricht, ob man im Winter zum Skifahren oder im Sommer zum Wandern herkommt, man wird professionell-freundlich empfangen.
»Die Pusterer sind ein sehr dynamisches Volk«, sagt Hans Baumgartner, »sie sind offen und innovativ.« Er ist einer der vielen guten Köche im Land und der einzige Affineur. Früher bereiteten er und sein Bruder für eine internationale Klientel erlesene Speisen. Heute konzentriert sich Baumgartner auf seine raffinierten Käsekreationen, die den Duft verschiedener Täler kombinieren. Der ganze Charme des Landes wird zu einer geschmackvollen Einheit sublimiert. Ziegentaler Käse aus dem Hochpustertal etwa mit Himbeergeist aus dem Vinschgau, Gebirgskräuter aus dem Ultental und Ziegenfrischkäse aus Prags, Rotschmierkäse aus Innichen mit Gebirgsminze aus Matsch im Vinschgau. Baumgartners Fantasie ist grenzenlos auf diesem Gebiet, sein Keller mit den gelagerten Eigenkreationen beeindruckt. Baumgartner hat da eine besondere Marktlücke entdeckt, und er weiß, dass sie im Restaurant auch ankommt. Den meisten gehen schlicht die Augen über angesichts seiner Kreationen!
»Authentizität wäre das Stichwort«, sagt Baumgartner, »aber die Pusterer nutzen ihre Chancen zu wenig.« Was er damit meint: Das »Grüne Tal« hätte eigentlich wesentlich mehr zu bieten als nur das, womit sich viele Touristen zufriedengeben. Mag sein, dass immer wieder jemand kommt, der seinen Kaffee so will wie in einer deutschen Autobahnraststätte, möglich auch, dass manche Gäste nur eine Ananas-Thunfisch-Pizza im Urlaub richtig glücklich macht, aber das kann die Zukunft nicht sein, zumal das Pustertal in vielen Bereichen eine respektable kulinarische Tradition hat. Die Milchwirtschaft steht auf gesunden Beinen, der Kornanbau wird gepflegt, die Kartoffeln sind berühmt, und beim Fleisch braucht man sich hier auch keine Sorgen zu machen.

»Für die Gäste wird das auch immer wichtiger«, sagt Baumgartner, »nur braucht eine solche Spezialisierung eben auch eine bessere Organisation.« Er formuliert vorsichtig. »Ich bin ja kein echter Pusterer«, sagt er. In Mühlbach ist er hart an der Identifikationsgrenze des Tales, und die »echten« Pusterer lassen sich von außen nicht gern belehren. Dennoch: »Das Pustertal hätte kulinarisch so viel zu bieten«, sagt er, und das Konditional beginnt aufzufallen. »Originelle Gasthäuser

1 *St. Veit im Hochpustertal bietet mit dem Pragser Wildsee eines der schönsten Naturjuwele Südtirols.* – 2 *Der Toblacher See im Hochpustertal grenzt an die beiden Naturparks Drei Zinnen und Fanes-Sennes-Prags.* – 3 *Fischleintal: Das Pustertal kann mit zahlreichen Naturschönheiten aufwarten.*

gibt es im Pustertal immer weniger, dafür aber an fast jeder Ecke eine Pizzeria.« Und dabei, so Baumgartner, können die Pusterer »Tirtlan« jeder Pizza Paroli bieten. Nur werden sie kaum mehr angeboten, obwohl sie Teil der Tradition sind. Die kleinen Teigtaschen aus Roggenmehl, die wahlweise mit gewürztem Sauerkraut, Spinatpüree oder süßem Mus gefüllt sind und in Öl ausgebacken werden, bekommt man heute vor allem noch bei Dorffesten. Etwa beim jährlichen Stegener Markt in der Nähe von Bruneck. Mit einem dieser Pusterer Tirtlan in der Hand lässt es sich wunderbar an den Schaubuden vorbei und über den Viehmarkt flanieren.

Hans Baumgartner ist zuversichtlich. Initiativen wie »Ahrntal Natur«, die sich das Produzieren und Fördern der originären, puren Produkte des Pustertals auf die Fahne geschrieben haben, gewinnen immer mehr an Bedeutung. »Die Küche im Pustertal entwickelt sich schon«, sagt er am Ende. »Bald werden die ganzen sinnlosen Kreationen aus den Gasthäusern verschwinden und wieder mehr Ursprüngliches angeboten werden. Schon allein, weil das die Gäste so wollen.«

An Gästen, auch solchen, die Könige waren, hat es im Pustertal nie gefehlt. Um die vorletzte Jahrhundertwende galt Toblach beispielsweise als der Höhenluftkurort schlechthin, jeden Sommer fand sich hier der hohe Adel ein. Der österreichische Kaiser Franz Joseph zum Beispiel ließ sich mit einem Sonderzug der Südbahn von Wien ins Hochpustertal bringen, und die Familie Rothschild suchte in den damals besonders gerühmten Bädern des Pustertals Erholung vom Alltag. Ein theoretisches Bild für Götter: der Kronprinz von Preußen und die Könige von Belgien und Sachsen. »Würdet Ihr geruhen, mir die Seife zu reichen?« Der Gast war hier König, fürwahr.

Anfang des 18. Jahrhunderts soll es in den warmen Zubern auch mal weniger gesittet zugegangen sein. Doktor Franz Xaveri von Knöring fand das gar nicht lustig: »Leider«, schrieb er entrüstet, »hat bey Mann und Weibsbildern dieser schädliche Brauch eingerissen, dass mancher den gantzen Tag wie ein Frosch in der Lacken, oder ein Bruthenn auf de Ayern, bis an den Hals versenkt darinnen (in der Badewanne) huckt, ja noch dazu auff der Wannen das Fressen (derff's wohl sagen) einbringt, damit er hierdurch sein Bad-Cur desto ehnder vollenden möge …, und manchmal sind auch solche, die durch continuierliches Dantzen, Springen, Hupffen und ungeheures Geschrey sich herfürtun …« Armer Doktor. So wenig es ihm offenbar auch gefiel, die Heilbad-Tradition hat sich mancherorts bis heute gehalten. Wer will, kann im Gsieser Tal sogar in Milch baden und Joghurt trinken, oder umgekehrt – oder beides.

1 *Gastgebertraditionen: Das Haus Wassermann in Niederdorf ist heute ein Fremdenverkehrsmuseum.* – 2 *Auf dem Sotciastel-Hof in Alta Badia: Tirtlan sind ein traditionell südtirolerisches Gebäck.* – 3 *Anbau und Verarbeitung biologisch-dynamischer Produkte in Toblach im Pustertal.* – 4 *Die Dreischusterspitze ist mit 3145 Metern der höchste Berg der Sextner Dolomiten.* – 5 *Die Gemeinde Sexten befindet sich am östlichen Ende des Pustertals.*

4

5

1

»Hier ist es wunderherrlich und repariert ganz sicher Leib und Seele …«, schrieb Gustav Mahler, der von 1908 bis 1910 seine Sommerfrische in Toblach verbrachte. Ob und wie viel er badete, ist nicht überliefert, wohl aber, dass er hier fleißig komponierte. Seine Neunte Symphonie etwa entspringt der Inspiration dieser Landschaft, ebenso die unvollendete Zehnte. Mitunter nahm der Künstler sogar die weite Schiffsreise aus Amerika in Kauf, um in seinem Komponierhäuschen, das man noch besuchen kann, Ruhe zu finden. Ein bisschen heikel soll er gewesen sein: Man erzählt sich, dass er einmal darauf bestand, den Bretterzaun um sein Häuschen mit Stacheldraht zu versehen. Offenbar hatten er und seine drei Klaviere die Aufmerksamkeit neugieriger Kinder geweckt, was seine Konzentration gestört hatte. Ein andermal soll er sich abfällig über die musikalischen Fähigkeiten eines Hahnes geäußert haben, der es sich nicht nehmen ließ, pünktlich und regelmäßig ein morgendliches Ständchen darzubieten. Der Trenker-Bauer, dem sowohl das Häuschen als auch das Federvieh gehörte, wäre damals sogar bereit gewesen, dem Gockel den Hals umzudrehen, so ernst nahm er seine gastgeberischen Pflichten. Aber Mahler winkte ab. Der Gockel krähte weiter, und der Komponist schrieb das Lied von der Erde.

Flanieren in Bruneck

In der Mitte des Pustertals liegt Bruneck. Groß ist die Stadt ja nicht, aber dafür stolz, wie ihre 14 000 Einwohner. Stadt und Burg Bruneck wurden 1251 durch den Brixner Fürstbischof Bruno von Kirchberg und Bullenstätten gegründet, und wer aufmerksam durch die Altstadt wandert, kann einige Häuser entdecken, die noch den Geist der Gründerzeit in sich tragen. Im Übrigen ist Bruneck schlicht die einzige Stadt im Pustertal und damit eine ehrenwerte Dame mit einem Anspruch von Welt.

Im Winter vor allem, wenn die Dame schlohweißes Haar trägt, ist in dieser Gegend richtig was los. Tagsüber bietet der Kronplatz, Brunecks Hausberg (2275 m) mit 85 Kilometern präparierten Pisten, einen Rundumblick auf das beeindruckende Bergpanorama und auch sonst alles, was das Skifahrer-Herz begehrt, und der Stadtkern wirkt am Abend noch malerischer. Besonders bemerkenswert sind die historischen Gebäude in der Stadtgasse, in der im ausgehenden 15. Jahrhundert der Tiroler Künstler Michael Pacher seine Werkstatt hatte. Ein Umstand übrigens, auf den sogar Pacher selbst stolz gewesen sein muss: Er verewigte seine Herkunft auf dem berühmten Altar in der Pfarrkirche von St. Wolfgang.

Ein Blick auf den aktuellen Veranstaltungskalender ist besonders empfehlenswert. Die Palette der Initiativen auf dem Kultursektor reicht von Ausstellungen berühmter Künstler bis zu Theaterfestivals und Veranstaltungen junger heimischer Künstler. Mag sein, dass die Stadt an Einwohnern nicht groß ist, aber dafür ist es deren Elan umso mehr.

Ganz in der Nähe, am Eingang des Tauferer Ahrntals, liegt St. Georgen, unstreitig die älteste Siedlung im Pustertal. Und wer die Gegend um Bruneck erkunden will, sollte auch Dietenheim, das Dorf der malerischen Edelsitze, besuchen. Hier zeichnet das eindrucksvolle »Heimatmuseum für Volkskunde« fast wie aus erster Hand das mitunter harte Alltagsleben des alpenländischen Bauern nach.

2

Das Landesmuseum für Volkskunde

Seit 1976 kann man hier veritable Zeitreisen in die vergangenen Jahrhunderte bäuerlichen Lebens im Alpenraum machen.

1 *Die Altstadt von Bruneck: 1782 wurde das Ursulinentor wegen des Transports eines großen Brunnens in die Stadt ausgeschlagen.* – 2 *Am Weißen Sonntag feiert das ganze Dorf die Erstkommunion der Dorfkinder.*

Auf das rund drei Hektar große Freigelände wurden Gehöfte gesetzt und zum Teil neu errichtet. Der Rundgang führt durch Ställe, Strohstadel, Hauslaben, Stiegen, in die Gärten, zu Mühlen mit wassergetriebenen Werken und zu Almhütten. Sitz und Mittelpunkt des Museums ist ein alter herrschaftlicher Hof, eben zu jenem Weiler Dietenheim gehörend, der 995 erstmals urkundlich erwähnt wurde. Am Erker des Ansitzes sind neben der schmucken Sonnenuhr auch die Wappen der Erbauer (der Familien Sternbach und Moor) aufgemalt. Was sich um diesen Hof herum schart, ist echtes Leben der Vergangenheit; Bauwerke, die im wirklichen Leben wahrscheinlich der Gegenwart geopfert worden wären. Und ein Blick in die größte Zithersammlung weltweit bringt die Erkenntnis, dass hinter dem vielsaitigen Instrument weit mehr steckt als nur ein »dritter Mann«. Aber das Pustertal ist natürlich nicht nur das, was sich mit dem Katalog der wichtigen Namen zwischen Mühlbach und Sexten abspielt. Die Faszination erwächst aus den Unterschieden. Das Ahrntal etwa, das sich von Bruneck aus nach Norden ausdehnt, wurde vom touristischen Mainstream nur wenig berührt. Ganze 14 Dreitausender umthronen das Tal, das romantisch, wild und rau ist. Dank der Abgeschiedenheit haben hier Eindrücke überlebt, die anderswo verloren gegangen sind, wie das Brauchtum und der Dialekt, einzigartig in Südtirol. »Wo gehen S' denn hin?«, fragt Udo, der Fotograf, sein Motiv, eine ältere Bäuerin. – »Oh, lei Zigarettlan houl'n fir an Bui«, antwortet die Frau, und Nichtraucher Udo tadelt: »Das ist aber nicht gut, dass Sie dem Buben Zigaretten kaufen.« – »Na na, s'isch lei wegn 'n Krumpanan«, antwortet die Bäuerin, was in der Übersetzung bedeutet, dass der Bui, der natürlich kein Kind, sondern einfach der Sohn ist, Zigaretten braucht und dass dies allenfalls wegen des behinderten Fußes der Bäuerin ein Problem darstellt. »Soll er sich die Zigaretten doch selber holen«, denkt Udo bei sich. Aber die Uhren gehen hier eben anders.

Im Mittelalter bestimmte der Bergbau das Leben im Tal und sorgte für einen bis heute sichtbaren wirtschaftlichen Aufschwung. Das Bild gleicht vielen anderen Bergbaugebieten: prächtige Ansitze, einfache Höfe, kleinwüchsige Menschen. Fünf Jahrhunderte lang schürfte man hier nach dem Wohlstand der Bergwerksbesitzer. In Prettau und Steinhaus kann man die noblen Häuser bewundern, die damals von den Ahrntaler Händlern errichtet wurden. Das Faktorhaus mit seinen Erkern und Gewölben zum Beispiel birgt heute Post und Gemeindeamt. Irgendwann ging es dann abwärts, die Kupferschwemme aus Amerika machte dem Bergbau ein Ende. Als 1893 das letzte Bergwerk stillgelegt wurde, musste eine andere Einnahmequelle her, und man fand sie im Kunsthandwerk.
Das Klöppeln gewann in dieser Zeit an Bedeutung, die Tradition des Masken- und Wurzelschnitzens ebenso. Seit ein paar Jahren ist der über 1000 Meter lange Ignaz-Erbstollen als Teil des Südtiroler Bergwerksmuseum wieder zugänglich. Ein Besuch hier bleibt in Erinnerung: zuerst mit dem Zug in den Bauch des Prettauer Berges, dann unter Tage in die enge Welt der Knappen. Von Schneewittchen-Romantik bleibt da nicht mehr viel, auch sprachlich nicht. Unvorstellbar: »Wer hot fa main Tallale gessen? Wer hot fa main Kachile trunkn? Und wer hot in main Bettstattl gschloufn?« Ach ja: »Luchta« sagen die Pusterer zum Dorf Luttach im Weißenbachtal, und »Fochina« hieße eigentlich Ahornach, ein anmutiger Weiler bei Sand in Taufers. Pustertal eben.

1 *Alte Höfe und Traditionen im Volkskundemuseum.* – 2 *Bruneck, die ehrenwerte Dame mit einem Anspruch von Welt …* – 3 *… ist die fünftgrößte Stadt Südtirols.*

Seite 52/53: 1 *Die Sonnenburg westlich von St. Lorenzen.* – 2 *1598 wurde die Burganlage durch einen Blitz völlig zerstört.* – 3 *Im 20. Jahrhundert wurde die Burg in ein Schlosshotel verwandelt.* – 4 *Sehenswert: die Fresken in der Krypta der ehemaligen Klosterkirche.*

2

3

1

2

3

4

Spätbarocker Bau aus dem Ende des 18. Jahrhunderts: die Kirche zum Hl. Stephanus in Niederdorf im Pustertal.

Dolomiten

Die Dolomiten: sagenhafte Naturspektakel und die dritte Sprache im Lande. Uriger als die Gebrüder Grimm, spannender als Reinecke Fuchs. Auf der Seiser Alm, der größten Hochalm Europas, ist der Rettungshubschrauber des »Aiut Alpin Dolomites« stationiert. Wenn Raffael Kostner, der technische Leiter und Vizepräsident des Flugrettungsdienstes, nicht gerade durch die Felswände rotiert, serviert er seinen Gästen Speisen und Geschichten auf der Almhütte. Zu erzählen gibt es hier genug, und für Bergsteiger und Abenteurer wie Reinhold Messner gibt es auch nach allen Achttausendern der Welt keine schöneren Berge als die Geislerspitzen von Norden.

Der mächtige Sellastock thront inmitten des Welt-Naturerbes Dolomiten.

Wo Reinhold Messner geprägt wurde

Seiser Alm – Grödental – Schlern – St. Martin in Thurn

Vor nicht allzu langer Zeit versuchte ein prominenter Moderator einer österreichischen Volksmusiksendung eine möglichst einfache Definition von Südtirol zu geben. »Südtirol«, sagte er, »das bedeutet hohe Berge, schöne Täler, Deutsche und Italiener. Mehr Deutsche als Italiener.« Das soll alles sein? Nein, der zweite Teil ist bestenfalls unvollständig. Raffael Kostner zum Beispiel fühlt sich weder besonders italienisch noch besonders deutsch, er ist Ladiner. Und wenn er das jemandem erklären muss, der von dem ältesten Südtiroler Volk mit romanischem Ursprung noch nie etwas gehört hat, fügt er hinzu: »Für die Deutschen sind wir Italiener, für die Italiener sind wir Deutsche.«

Kostner ist Bauer, Hüttenwirt und Bergretter. Seit 30 Jahren betreibt er auf der Seiser Alm, Europas größter Hochalm, ein Gasthaus, in dem vor den Augen der Gäste alles gekocht wird, was die ladinischen Gaumen seit Jahrhunderten erfreut. In der »Sanonhütte« haben sich die modernen Stahlflächen von Grill und Abzug ohne Weiteres mit dem raubeinigen Holz der Hütte angefreundet, alles harmoniert – und ist doch erst nach und nach entstanden. »Zuerst hatten wir hier nur zwei Skilifte«, erzählt Raffael. »Aber dann haben unsere Gäste immer öfter gefragt, ob man nicht auch etwas zu essen bekommen könnte, und wir haben die Hütte gekauft und angefangen zu kochen.«

Das führte zu Schwierigkeiten mit den Nachbarn, die um das eigene Geschäft bangten. Immer wieder wurde darauf hingewiesen, dass das Unternehmen Kostners ja illegal und lizenzlos laufen würde. Irgendwann hatte Raffael genug davon und beantragte die entsprechende Lizenz. Der Koch wirbelt durch eine warme Dunstwolke, und wenn man nicht gerade an einem der Stresstage vorbeischaut, hat das Team auch noch Zeit für ein Lächeln. »Im Sommer kocht meine Frau«, sagt Raffael, »und im Winter nehmen wir zwei Köche dazu. Ich will nicht, dass meine Frau alles macht.« Ganz gleich, wer nun am Herd steht, die »Sanonhütte« bietet einfache Kost, die sich aus den besten

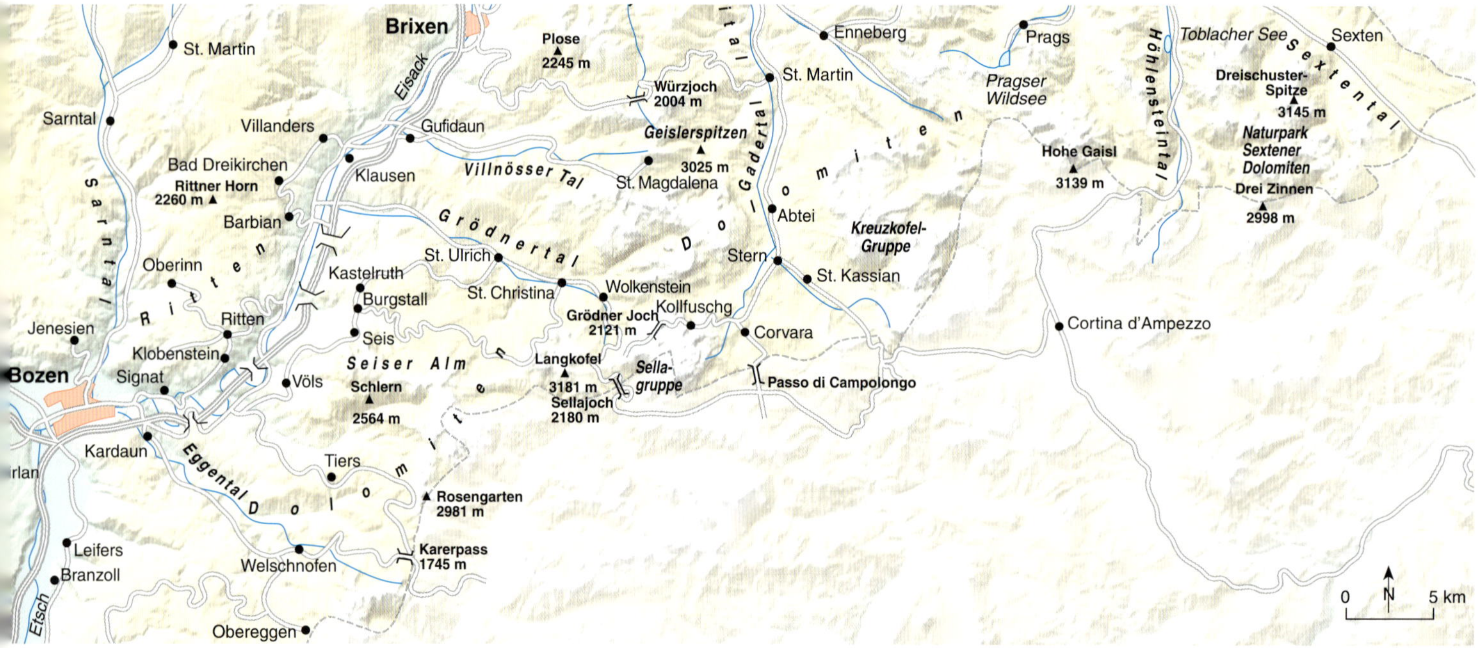

1 *Skifahrerfreuden im verschneiten Zaubergarten des Königs Laurin.*

1

Grundsubstanzen der beiden anderen Kulturen zusammensetzt: Kartoffelgröstl mit Gemüse aus der großen Pfanne, Fisolensuppe mit Knödel oder »Salsiccia con polenta«. Natürlich ist Raffael Kostner als Ladiner dabei auch in Sachen »Menukarte« sprachlich mittendrin: Das hausgemachte Wurstgericht heißt in der deutschen Übersetzung der Karte ganz selbstverständlich »Salsiccia mit Polenta«. Wenn das keine ethnisch-pragmatische Entspannung ist …

Was Sprachen angeht, sind die Ladiner sowieso privilegiert. »Meine Tochter«, erzählt Raffael stolz, »hat mit zwei Jahren schon drei Sprachen gesprochen.« Heute bewegt sie sich vollkommen frei zwischen den drei Kulturen und genießt den Vorteil daraus in vollen Zügen. »Ich habe das Gefühl«, erklärt Raffael Kostner, »dass wir Ladiner in gewissen Sachen einfach ein bisschen anders denken. Wir sind ein touristisches Tal, da haben wir keine Vorlieben für die Deutschen oder die Italiener.« So weit es überhaupt Sinn hat, einzelne Volksgruppen mit Charaktereigenschaften zu belegen, darf man den Ladinern einen ausgeprägten Geschäftssinn zusprechen – zumal den Bewohnern des Grödentals.

Gröden: Schnitzen, was das Zeug hält

Der Kunstsinn der Grödner ist weltbekannt, böse Zungen behaupten sogar: berüchtigt. Tatsache ist, dass die Grödner Holzschnitzer eine Tradition haben, die nicht nur in Südtirol ihresgleichen sucht. Die Liste der Kunstschnitzer ist so lang, dass man sich wundern mag, wie man davon leben kann. Aber sorgen muss man sich nicht, die hiesige Holzschnitzkunst, ob sakral oder profan, hat überall auf der Welt Anhänger. Die Tradition der »Herrgottsschnitzer« entstand zu Beginn des 17. Jahrhunderts, als die langen Winter irgendwie überbrückt werden mussten. Aus dem Zeitvertreib ist schnell ein gutes Geschäft geworden, und darauf, so heißt es, verstehen sich die Grödner besonders gut. Im Winter schnitzen, im Sommer verkaufen – zumindest früher war das so, als das Tal noch recht isoliert war. Doch die Zeiten haben sich geändert, heute wird ganzjährig geschnitzt und verkauft. Besonders wertvolle Exemplare aus der Geschichte der Grödner Schnitzkunst lassen sich im Heimatmuseum bewundern.

»Der Grödner ist im Allgemeinen höflich und zuvorkommend«, schreibt Edgar Moroder, ein Publizist, Lehrer und Erforscher der ladinischen Kultur, über seine Heimat, und er meint, dass der Grödner diese Eigenschaften »besonders gegen Fremde« sichtbar macht, und zwar auch deshalb, »weil er zu sehr Kaufmann ist.« Zu sehr Kaufmann? Das hören die Grödner vielleicht nicht so gern. Fast wie zum Trost, aber dafür mit inbrünstiger Überzeugung, legt Moroder etwas später richtig los: »Der Grödner«, schreibt er, »ist sich wohl bewusst, dass er viele Gebirgsbewohner an Weltgewandtheit und Ge-

1 *Blick zum Langkofel und dem Grödner Joch.* – 2 und 3 *Die Grödner Holzschnitzer verbinden ihre Kunst mit der Heimat.* – 4 *Schön zu allen Jahreszeiten: das Hotel »Chalet Gerard« im Grödner Tal.*

2

3

4

schicklichkeit überragt. Und wenn er auch stolz darauf ist und diese Überlegenheit mitunter in seinem Benehmen zu erkennen gibt, so ist er im Allgemeinen doch zu klug und zu bescheiden, um diesen seinen stillen Stolz durch Prahlerei oder törichte Überhebung zur Geltung zu bringen.«

VIPs im Grödental

Nicht schlecht, aber die Grödner haben tatsächlich allen Grund für den Patriotis-

mus, der aus diesen Zeilen spricht. Wohlklingende Namen sind in ihren Tälern gewachsen, Namen, die bei einem Besuch dieses Gebiets immer wieder auftauchen. Luis Trenker zum Beispiel, oder Giorgio Moroder, oscargekrönter Komponist. Luis Trenkers Grab ist immer noch eine Pilgerstätte für viele Fans, und seine heroische Körperhaltung mit dem nach oben zeigenden Finger und der Beschriftung »I muss auffi« ist neben den Heiligenfiguren ein beliebtes Motiv für die Holzschnitzer.
Und dann natürlich die Dolomiten. Nicht alles, was zu den Dolomiten gehört, gehört auch zu Ladinien. Aber das, was der wahrhaftig namhafte Geologe Deodat Guy Sylvian Tancred Grated de Dolomieu bei seinen Forschungswanderungen durch Italien, Tirol und Graubünden im Jahr 1789 als eine eigene Mineralspezies erkannte und was deshalb seinen Namen trägt, wird überwiegend mit Ladinien identifiziert. CaMg $(CO_3)^2$, Kalzium-Magnesium-Karbonat, so lautet die nüchternste Beschreibung, die wissenschaftlichste Reduktion der bleichen Berge. Aber das ist, als würde man einen Kuss als das Aufeinanderlegen zweier kreisförmiger Schließmuskel im Zustand der Kontraktion beschreiben.
Die Dolomiten sind natürlich viel mehr: sagenhafte Felsformationen, urige Zeitenwächter, magische Erlebnisspeicher, stoische Helden. Reinhold Messner, der unbestrittene Held der Achttausender, ehemaliger Europaparlamentarier, Weltstar, Museenmacher und der verzweifeltste Verehrer seiner Heimat Südtirol, hat den Dolomiten immer wieder sein Herz geschenkt. 1949, als Fünfjähriger, prägte ihn auf der Gschmagenhartalm sein erster Eindruck von den Bergen. »Es war überwältigend«, schrieb er später, »so überwältigend, dass ich gerade dort, wo ich aus dem Wald hinaustrat, später eine Hütte gebaut habe. Und mein ganzes Leben lang bin ich von dort aus geklettert.«
Gehen, immer weiter gehen, das wurde für Messner bald zum Credo. Fahrrad fahren lernte er erst mit zwölf Jahren, und man sagt ihm nach, dass er bis heute noch nicht schwimmen gelernt hat. Dafür ist ihm als Motor die Neugierde geblieben, mit der der Bub, umgeben von Riesen, aufgewachsen ist. Die Frage, was wohl hinter dem nächsten Bergrücken liegt und hinter dem folgenden, hat ihn zu den wichtigsten Gebirgsketten der Erde geführt, zu den Anden, in den Himalaja, in die Antarktis, nach Ozeanien, Japan und Alaska. Und am Ende dieser Reisen stellte Reinhold Messner fest: »Ich habe keine größeren Berge kennen gelernt als die Geislerspitzen von Norden. Vielleicht war ich so überrascht in meinem Kindesalter, so endlos erstaunt als Fünfjähriger, dass jene Eindrücke nie mehr übertroffen werden können.«
Dass Messner heute trotzdem geografisch am Gegenpol, in Meran und im Vinschgau auf Schloss Juval lebt und nicht am Fuße der Geislerspitzen auf der Gschmagenhartalm, tut dieser Liebe keinen Abbruch. »Ich suchte neben Harmonie auch Geschichte«, sagt er, »und Granit macht mich ruhiger als Kalk und Dolomit.«
Wenn man ihn heute fragt, welchem Gebiet er sich zuordnen würde – dem Vilnössertal, wo er geboren wurde, den Dolomiten, wo er seine ersten Klettererfahrungen gemacht hat, Meran oder Schloss Juval –, zögert er kurz. Vielleicht auch deshalb, weil die gebotene Auswahl eine krasse Reduktion ist, und Reduktionen sind Messners Sache nicht. Dann aber sagt er bestimmt: »Ich bin Südtiroler« und ärgert sich ein bisschen, dass er das sagen

1 *Die Fauna und Flora Südtirols variiert in Abhängigkeit von den unterschiedlichen klimatischen Bedingungen der einzelnen Regionen.* – 2 *Sonnenaufgang im Naturpark Puez-Geisler in den Dolomiten.* – 3 *Blick vom Paternkofel auf die Drei Zinnen im Pustertal.*

2

3

1

2

muss. Im Sommer 2006 eröffnete er auf Schloss Sigmundskron in Bozen ein Bergmuseum.
Das Funkgerät im hinteren Teil der »Sanonhütte« knarrt, ein Funkspruch. Die Zentrale des Rettungsdiensts in Bozen leitet einen Notruf an den von Raffael Kostner gegründeten Bergrettungsdienst weiter: ein verrenkter Touristenknöchel auf einem leichteren Klettersteig. Der Hubschrauber steht gleich neben der Hütte, das Team mit dem Arzt, dem Bergretter Raffael und dessen Bruder, dem Piloten Gabriel, startet auf seine Mission.
Rund 500 Einsätze fliegt das Team jedes Jahr zwischen Juni und Oktober und in der Wintersaison. Routine ist der Schlüssel. Wenn sich die Maschine auf Zentimeterdistanz einer überhängenden Wand nähert, bleibt nichts dem Zufall überlassen. Unten wird die Seiser Alm mit steigender Höhe immer übersichtlicher, gleichzeitig verlieren die starren Riesen wie Rosengarten und Sellastock von Nahem ihre gewohnten Konturen. Die Geschichte des Zwergenkönigs Laurin enthält eine entsprechende Botschaft: Vom Etschtal bis zum Schlern, so will es die Sage, erstreckte sich das Reich des kleinen, aber zaubermächtigen Königs. Laurin lebte tief im Erdinnern in einer kristallenen Burg, seine Untertanen gruben für ihn unermessliche Schätze an Gold, Silber und Edelsteinen aus den Felsen. Oben aber, im Licht der Sonne inmitten steinernen Felsengewirrs, hatte sich der König einen herrlichen Garten angelegt, in dem viele prächtige Bäume, blühende Sträucher, wundersame Blumen und zahllose duftende Rosen das Herz erfreuten. Wer vorbeikam, durfte den Anblick genießen – aus gebotener Distanz. Wehe dem, der es wagen sollte, den goldenen Faden, der den Zaubergarten umzäunte, zu zerreißen oder ihn ohne Erlaubnis des Königs zu betreten! Es hätte seinen Tod zur Folge. Diese Geschichte wäre natürlich keine gute Geschichte, wenn sich alle Welt an das Verbot gehalten hätte. Es kam, wie es kommen musste: das blühende Paradies wurde von grobschlächtigen Rittern zertrampelt. König Laurin wurde besiegt, und am Ende blieben dem arg geschröpften Zwerg und seiner Nachwelt nur mehr der Trost, dass der zu Stein gefrorene Rosengarten in der Dämmerung glüht. Nicht bei Tag, nicht in der Nacht, nur dazwischen.
Und Laurins Mythos lebt, selbst in der Gegenwart. Der kleine König mit dem großen Garten und den dazugehörenden Untertanen hält noch immer viele Menschen in seinem Bann. Zum Beispiel den Bildhauer Adolf Valazza. Der besann sich nach 30 Jahren immer lustloseren Herrgottsschnitzens dieser greifbaren Welt und formte aus den Hölzern verfallener Almhütten ebenso knorrige Gestalten. Totems, Dämonen und Fantasiekörper waren die Folge, dazu sachverständiger Applaus. Einmal ließ sich ein Kunstkritiker zu der Bemerkung verleiten, dass die Skulpturen des Valazza ihm selbst am ähnlichsten sind. Valazza kann dieserart Ironie nicht aus der Ruhe bringen, sein Erfolg gibt ihm unumwunden recht. Welche Geschichte die Totems erzählen, welche Rolle sie jeweils spielen? Schweigen – die Totems spielen Geschichte.

Der verunglückte Knöchel ist schnell versorgt, der dazugehörige Tourist bald wieder am Boden. »So unspektakulär sehen die meisten Einsätze aus«, sagt Kostner, und man glaubt ihm, dass er froh darüber ist. Von den anderen Fällen, jenen, die dem ganzen Team an die Nieren gegangen sind, erzählt er nicht gern, und auch Pilot Gabriel hält sich zurück. Im kleinen Raum mit dem Funkgerät, im hinteren Teil der »Sanonhütte«, sitzen die drei Männer einfach da und hoffen, dass nie-

1 *Erika Pitscheider auf den Stufen ihres Hofs in Sankt Leonhard im Abteital.* – 2 *Der Club »Moritzino« auf dem Piz la Ila ist ein Muss für alle, die Entertainment lieben und sich auf eine nächtliche Skiabfahrt freuen.* – 3 *Auf dem Runch Hof in Pedraces werden die Kühe noch mit der Hand gemolken.*

mand Laurins goldenen Faden übertritt und das Funkgerät wieder knarrt. Raffael Kostner eilt am Ende noch einmal vor die Tür: »Übrigens«, sagt er mit einem Augenzwinkern, »unser Rettungsdienst heißt ›Aiut Alpin Dolomites‹. Das ist weder deutsch noch italienisch. Das ist ladinisch.« Das zu sagen, war Raffael Kostner offensichtlich wichtig.

1

Das Turnier Wolkensteins

Auch der Schlern ist Teil des Weltkulturerbes Dolomiten und Mittelpunkt eines spektakulären Ereignisses: des alljährlichen Oswald-von-Wolkenstein-Rittes. Wer sich jemals die Frage gestellt hat, was es denn eigentlich mit dem Satz »jemandem die Stange halten« auf sich hat, ist gut beraten, hier einmal vorbeizuschauen. Einmal im Jahr geht das bunte Turnier rund um den Schlern über die Bühne, vor sagenhafter Kulisse. So spektakulär und einzigartig ist die Veranstaltung, dass sich mitunter gar Reporter amerikanischer Tageszeitungen unter das Publikum mischen. Vier Reiter gehören einer Mannschaft an, und wenn jeder von ihnen die Aufgabe einer Station geschafft hat, halten sie sich zu viert die Stange und preschen eng nebeneinander zur Zeitlinie. Das Turnier hat nichts mit einem mittelalterlichen Zweikampf zu tun. Wenn die Teilnehmer am Kofl in Kastelruth im Galopp die Stange durch einen kleinen Ring werfen und dahinter wieder auffangen, wenn sie am Matzlbödele in Seis behutsam durch das Labyrinth treten, ohne die Stangen am Boden aus ihrer leichten Verankerung zu werfen, dann ist bei Ross und Reiter stets vor allem Geschicklichkeit gefragt. Natürlich winken der Siegermannschaft auch Geldpreise, aber wirklich glücklich macht die Reiter eigentlich nur die Standarte mit dem Kopf des einäugigen Namensgebers Oswald von Wolkenstein. Wer diese Trophäe dreimal bekommt, darf sie endgültig behalten. Der Wolkensteinritt wird einmal jährlich, Mitte Juni ausgetragen.

St. Martin in Thurn

Wenn die Ladiner über sich und ihre Kultur ein Museum einrichten, muss sich dieses von den übrigen Museen im Lande abheben – das gebietet schon der Stolz und das Selbstbewusstsein dieser Volksgruppe. Und so legte man dem Ladinischen Landesmuseum in St. Martin in Thurn ein ganz eigenes Konzept zugrunde: Hier wird die Welt der Ladiner selbstverständlich in deren Sprache präsentiert.
Das soll nun aber nicht heißen, dass das Museum nur für die rund 35 000 Ladiner im Land gebaut wurde. Jede Erklärung, jede Geschichte kann auch synchron in der Sprache des Besuchers gehört werden, aber das Ladinische soll und kann hier nicht überhört werden. In einem Raum kann man sich auf einem Sprachatlas über die Geschichte und die mögliche Weiterentwicklung dieser ältesten Sprache des Alpenraums informieren. »Hier haben wir das wahre museum in progress«, sagt der Wiener Dieter Bogner, der unter anderen mit dem Konzipieren des neuen Museums beauftragt wurde.
Der Sprachatlas ist ein aufschlussreicher Zusatz zu den sonst auch recht greifbaren Exponaten zur Geschichte der Ladiner, und Dieter Bogner freut sich darüber, dass er überall aus dem Vollen schöpfen durfte. Sitz des Ladinischen Landesmuseums ist das Schloss von St. Martin in Thurn im Südtiroler Gadertal. Die Öffnungszeiten sind Dienstag bis Samstag von 10 bis 18 Uhr und Sonntag von 14 bis 18 Uhr. Montag ist Ruhetag – zumindest in diesem Punkt wollten sich die Ladiner nicht vom Rest der Welt unterscheiden.

1 *An der Gestaltung seiner Trachten kann man den Reichtum eines Volkes ermessen.* – 2 *Eine beliebte Attraktion für Wanderer und Kletterer ist der Langkofel in den Grödner Dolomiten.* – 3 *Rast für Zwei- und Vierbeiner beim Wolkensteinritt rund um den Schlern.*

2

3

Konzentrierte Gesichter beim Ringstechen beim Oswald-von-Wolkenstein-Ritt.

Weingut
EBERLEHOF

Bozen

Bozen, die Landeshauptstadt, hat in den letzten Jahren eine auffällige Veränderung durchlebt. Viele sprechen von einem deutlich spürbaren Gähnen des Dornröschens. Tatsächlich hat die »Schlafende« inzwischen aber auch schon die Glieder gestreckt. Kulturell ist einiges los: Ein großes Theater wurde gebaut. Kulinarisch ist man auf den Geschmack gekommen: - Immer mehr Restaurants suchen den internationalen Vergleich. Und natürlich gibt es den Kassenmagneten: Ötzi, die Gletschermumie im Archäologischen Museum, sozusagen das hochoffizielle Dornröschen in der größten Stadt der Provinz.

Bozen ist nicht nur das geografische, sondern auch das kulturelle Zentrum Südtirols.

Dornröschen reckt sich

Bozen – Sarntal – Ritten

Als Wolfgang Amadeus Mozart in jungen Jahren einmal durch Südtirol reiste, zeigte er sich von Bozen wenig beeindruckt. Er nannte es ein »Sauloch« und fasste die Eindrücke, die er während seines kurzen Aufenthaltes in der heutigen Wangergasse sammelte, in einem Brief an seine Schwester folgendermaßen zusammen: »Soll ich kommen nach Botzen«, schrieb er, »so schlag mich lieber in d' Votzen«. Tatsächlich kam er nie wieder, oder zumindest hat er es später nie mehr für notwendig empfunden, Bozen in irgendeiner Weise zu erwähnen.

Aber was soll's. Mozart gibt seit über 200 Jahren keinen Ton mehr von sich, und Bozen hat sich als äußerst gastfreundliche Stadt längst rehabilitiert. In großem Stil sogar. Zugegeben, noch bis vor einigen Jahren machte es einen eher verschlafenen Eindruck, zumal am Abend, wenn gegen 22 Uhr die Bürgersteige hochgeklappt wurden. Mittlerweile hat die Landeshauptstadt aber eine auffällige Veränderung durchlebt. Kulturell ist hier heute einiges geboten, kulinarisch ist man auf den Geschmack gekommen, und natürlich gibt es da auch noch einen besonderen Kassenmagneten: den Ötzi.

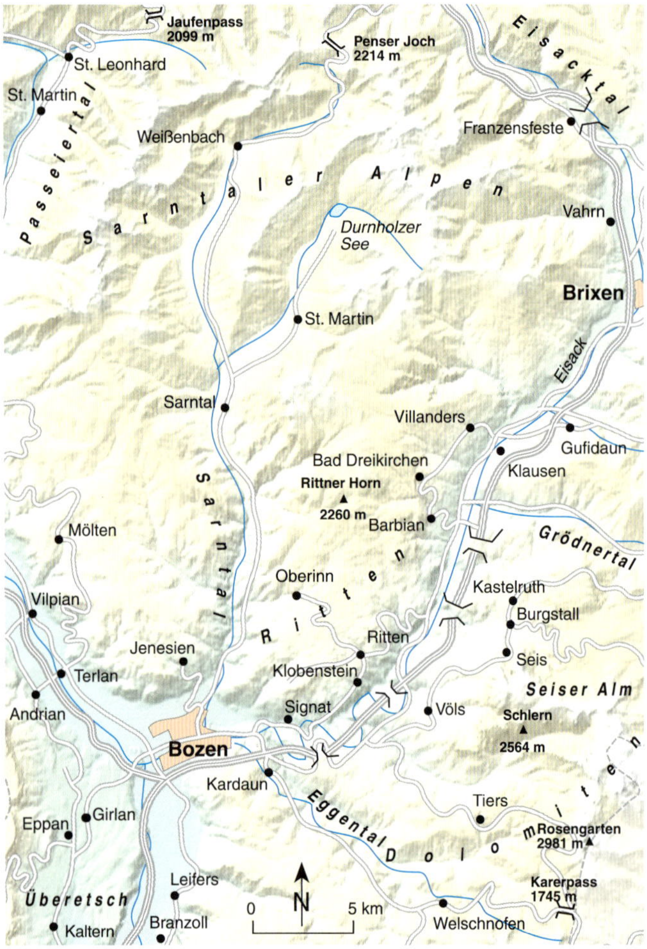

Der Mann vom Hauslabjoch

Die Gletschermumie im Archäologischen Museum ist sozusagen das Bozener Dornröschen. Italienweit rangiert das sogenannte Ötzi-Museum gar an dritter Stelle, was die Besucherzahlen angeht. Wen wundert's: Die Geschichte der Gletschermumie ging durch die ganze Welt. 1991, als der 5300 Jahre alte Ötzi im Schnalstaler Gletscher gefunden wurde, konnte noch niemand überblicken, wie sehr der Fund die Archäologenwelt wachrütteln würde.

Aber es dauerte nicht lange, bis alle Zweifel aus der Welt waren und Ötzi zum Star der Neuzeit wurde –, mit aufschlussreichem Gruß aus der Kupferzeit. Ganz Bozen war in medialem Aufruhr, als nach einem ausgiebigen Forschungsaufenthalt in Innsbruck und anschließendem Gerangel um die Besitzrechte zwischen Österreich und Italien ein unscheinbarer Kühlwagen die Gletschermumie nach Südtirol brachte. Wann immer an diesem Tag ein Kühlwagen in die Nähe des Museums kam, klinkten sich eifrige Redakteure live in internationale Nachrichtensendungen ein und berichteten. Nie zuvor bekamen die Bozner Frischmilch- und Fischlieferanten so viel Aufmerksamkeit! Ötzis tatsächliche Ankunft war demgegenüber recht unspektakulär: ein paar Polizisten, eine Bahre, sonst nichts. Stoisch grient die Mumie seither aus ihrer Kühlzelle dem kleinen

1 *Die Bozner Altstadt: In jeder Jahreszeit ist die Hauptstadt der Provinz ein vielfältiges Reiseziel.* – 2 *Auf dem Waltherplatz, dem Herzstück der Bozner Altstadt, findet jährlich eine Vielzahl von Feierlichkeiten statt.*

1

2

1

2

Schaufenster entgegen. Ob am Ötzi wirklich noch alles dran ist? Das interessiert vor allem die jungen Besucher sehr. Die Antwort: Es gibt im Museum einiges mehr zu sehen. Und natürlich auch in Bozen. »Hinc ceteros excoluimus lingua, legibus, artibus« schrieben die Faschisten Mitte der 1920er-Jahre auf das Siegesdenkmal jenseits der Talferbrücke: »Von hier aus haben wir die anderen durch Sprache, Gesetze und die Künste kultiviert.« Ein provokanter Unsinn. Den Faschisten ging es damals darum, aus Bozen mit allen Mitteln eine italienische Stadt zu machen. Mussolinis Originalton: »Wenn die Deutschen verprügelt und zerstampft werden müssen, um Vernunft anzunehmen, wohlan, wir sind bereit.« In kurzer Zeit machte er Bozen mit seinen 25 000 Einwohnern durch die Umsiedlung italienischer Arbeiter aus dem Süden zur 100 000 Einwohner schweren Industriestadt Bolzano. Deutsch zu sprechen war in der Öffentlichkeit verboten, schon eine Lederhose galt als Provokation. Doch die Tiroler blieben trotz aller Unterdrückung stur. »Lingua leckibus Arschibus« spöttelten die Jugendlichen in dieser Zeit und pinkelten gegen das Denkmal. Der Vergleich mag hinken, dennoch: Mussolini hat dem Land ebenso wenig Recht und Ordnung gebracht, wie der Ötzi Bozen Kultur.

Wregglmacher und Federkielsticker

Wem Bozen nicht genug Urtümlichkeit und Brauchtum bietet, der ist mit einem Ausflug ins Sarntal gut beraten, das sich von Bozen gen Norden erstreckt. Orientiert man sich am Sarner Dialekt, müsste man das Sarntal mit vier a schreiben. Im Sarntal ist alles noch sehr urtümlich, und ohne Zweifel liegt das auch daran, dass die Sarner an beiden Enden des Tales seit jeher mit zwei natürlichen Schleusen leben: dem 2214 Meter hohen Penser Joch, das gut sieben Monate im Jahr zugeschneit ist und das nördliche Talende abriegelt, sowie der engen Talferschlucht am Talanfang, in der heute zwar 19 Tunnel den Autofahrer schützen, die aber früher mit ihren steilen Porphyrwänden über der Talfer immer wieder von gefährlichen Steinschlägen gemartert wurde. Kein Wunder, dass das Tal im ersten Stück kaum besiedelt ist. Ist man aber am Ziel, lohnt es sich zu verweilen. Kunsthandwerk wird großgeschrieben, besonders die Federkielstickerei, und sonntags, wenn die traditionsbewussten Sarner in die Kirchen strömen, zeigt sich die urtümliche Pracht der Sarner Kleidung. Mit dazu gehört das »Wreggele«, eine kleine handgeschnitzte Tabakspfeife. Ehrensache, dass die Sarner alles daran setzen, um die Tradition der »Wregglmacher« und Federkielsticker aufrechtzuerhalten. Nicht nur, weil ihnen ihre Geschichte wichtig ist, sondern auch, weil sie gute Geschäftsleute sind. Das haben die Sarner mit ihren italienischen Landsleuten in Südtirol gemeinsam. Beim Sarner »Kirta«, zu Deutsch Sarner Kirchtag, einem Markt, bekommt man alle diese Sarner Eigenschaften auf einen Schlag geboten. Und man sieht auch einige schöne Exemplare der Haflingerpferde, die die Sarner als die ihrigen sehen. Sich in dieser Angelegenheit auf einen Streit einzulassen, ist übrigens nicht empfehlenswert. Denn eine andere Eigenart der Sarner hat sich

ebenfalls bis in die heutige Zeit erhalten: Sie sind ein bisschen dickschädelig – und darauf auch ein bisschen stolz.

Von der Gotik zur Moderne

Doch zurück nach Bozen. Viele Schönheiten, die uns umgeben, sind so alltäglich, dass man sie kaum mehr wahrnimmt, es sei denn, man geht mit offenen Augen

1 *Der Durnholzer See am Ende des Durnholzer Tales in den Sarntaler Alpen.* – 2 *Die Burg Wangen-Bellermont im Sarntal hat schon stolze 800 Jahre auf dem Buckel.* – 3 *Glückliche Bewohner der 2569 Meter hohen Getrumspitze in den Sarntaler Alpen.*

durch diese Stadt. Vor allem im Sommer, wenn die Stadt zum heißen Brutkasten wird, erfrischt der kühle Pfad der Kultur: Galerien laden zum Verweilen ein, das Museum für moderne Kunst bietet lohnende Expositionen. Davon abgesehen ist die Stadt selbst eine wahre Fundgrube für Kunstkonsumenten.

Seit dem 13. Jahrhundert (und dank der Grand Dame des Handels, Claudia de Medici) ist Bozen eines der wichtigsten Handelszentren im Alpenraum. Schon immer machte der Umstand, dass Bozen als Schnittpunkt der Kulturen von den Einflüssen aus dem Süden und dem Norden profitieren konnte, den besonderen Reiz der Stadt aus. Auch in künstlerischer Hinsicht. Maler, vor allem Wandmaler, aus dem Norden und dem Süden, trafen aufeinander. Es kam zu Überschneidungen zwischen den jeweiligen Stilen und natürlich zu Beeinflussungen der lokalen Maler. Giotto, der große Meister des 14. Jahrhunderts, ist indirekt, als künstlerische Zündschnur sozusagen, für einen neuen Erzählstil zu spüren. Vorausgesetzt freilich man schaut hin. Auf die Franziskanerkirche zum Beispiel, genau an der Schnittstelle zwischen Streitergasse, Franziskanergasse und Obstmarkt. Eine kleine Offenbarung: Während die gesamte ursprüngliche Ausmalung der Kirche bis auf einige Fragmente im Dachboden verloren gegangen ist, hat sich im Klosterkomplex eine Reihe von Fresken aus dem 14. Jahrhundert erhalten. Sie umfassen Beispiele sowohl des gotischen Linearstils als auch der Giotto-Schule und ermöglichen damit einen Blick auf verschiedene Etappen, welche die für das 14. Jahrhundert typische Entwicklung der Malerei charakterisieren. Die aus dem ersten Jahrzehnt dieses Jahrhunderts stammenden Malereien in der Erhardkapelle, in der nordöstlichen Ecke des Kreuzgangs, werden sogar als das qualitativ höchste Zeugnis des Linearstils in Bozen gehandelt und stellen das älteste Moment im dekorativen Bereich des Klosters dar.

Aber auch die Johanneskapelle im Dominikanerkloster, dem heutigen Musikkonservatorium, hat es in sich. Der Klosterkomplex geht auf das Jahr 1272 zurück. Neben einer bemerkenswerten Anzahl von Votivbildern findet man hier auch die bedeutendsten Werke der von Giotto beeinflussten Kunst auf Südtiroler Boden. Die Kapelle wurde im Auftrag von Boccione de Rossi, einem Angehörigen der Florentiner Bankiersfamilie, die sich in Bozen niedergelassen hatte, mit einem Freskenzyklus ausgemalt: Comics des Mittelalters mit Erzählungen des Marienlebens, der Nikolauslegende und jener von Johannes dem Täufer, allesamt Zeugen des langen Armes, der den ersten Meister der Dominikaner mit Giotto verband. Natürlich gibt es, etwas außerhalb

1 *Der ehemalige Händler Gianni des Bozner Obstmarkts ging seinem Beruf mit Leidenschaft nach.* – 2 *Gleich oberhalb von Bozen, in Jenesien, steht das »Landgasthaus zum Hirschen«.* – 3 und 5 *Die mittelalterlichen Bozner Lauben, ein beliebtes Shopping-Revier für Jung und Alt, durchschneiden die Altstadt von Osten nach Westen.* – 4 *Das Denkmal für Südtirols beliebten Minnesänger Walther von der Vogelweide schmückt den Waltherplatz.*

4

5

1

2

PRO ITALICO IMPERIO VIRTVTE IVSTITIA HIERARCHIA VNGVIBVS ET ROS

von Bozen, viele Kirchen und Kapellen mit Schmuck aus dem 14. Jahrhundert. St. Johann im Dorf etwa, St. Magdalena in Prazöll oder St. Martin in Kampill. Und dann wäre da noch das Schmuckstück der Stadt: Schloss Runkelstein am nördlichen Stadtrand mit dem größten erhaltenen profanen Freskenzyklus des Mittelalters.

Wohnen in der Galerie

Als Meisterwerk der modernen Kunst gilt das »Hotel Greif« in der Altstadt. Jeder, der die eine oder andere Nacht schon in einem Hotel verbracht hat, kennt das Gefühl: Man liegt mit offenen Augen in einem fremden Bett, blickt auf die gegenüberliegende Wand und fragt sich, woher zum Teufel das absurde Bild stammt, das da hängt. Wenn man besonderes Pech hat, ist es eines dieser unbeschreiblichen Clown- oder Kinderporträts mit einer Träne im Auge. Wenn es einen Vorteil dieser weitverbreiteten Hotelkunst gibt, dann den, dass man gern die Augen schließt, um sich seinen Träumen hinzugeben.
Franz Staffler, Spross einer alten Bozner Hotelierfamilie, muss einen solchen Traum gehabt haben. Denn als er sich daranmachte, zusammen mit dem österreichischen Architekten Boris Podrecca sein altes »Hotel Greif« am Bozner Waltherplatz umzubauen, hatte er eine Vision schon definiert: Jedes einzelne Zimmer sollte ein künstlerisches Unikat werden. Gemeinsam mit Andreas Hapkemeyer, dem ehemaligen Direktor des Museums für moderne Kunst, und Kunstkritiker Carl Kraus setzte er eine Liste von Künstlern auf, die den Auftrag erhielten, das ihnen im Losverfahen zugeteilte Zimmer nach ihrem Geschmack zu gestalten. Die Qualität der durchwegs neuen Werke konnte durch die prominente Auswahl gesichert werden, der Erfolg des Unternehmens durch das großzügige Budget.
Jedem Künstler wurde eine maximale Freiheit eingeräumt. Einzig das Motto war vorgegeben, Augenlust, und die Entscheidung, dass die meisten zeitgenössischen Künstler jeweils auch einem alten Meister gegenübergestellt werden würden. Kein Wettbewerb, wohl aber ein Dialog. Erstaunlich, wie unterschiedlich im Ergebnis die Stimmungen der einzelnen Zimmer sind. Dass die 33 Wohneinheiten zum selben Konzept gehören, merkt man zwar an einer gehobenen Grundstimmung, erzeugt durch die strukturelle Ausstattung, der Einfluss der Künstler reichte aber auch bis zur Auswahl der Stoffmuster für die Bezüge und Tapeten. Manfred A. Mayr etwa, einer der Südtiroler Künstler, beschränkte sich bei seiner Gestaltung im Wesentlichen sogar auf ein Farbenspiel. Das auffälligste Element in »seinem« Zimmer ist ohnehin ein Flügel, von dem die Hotelführung behauptet, dass er zu jeder Tages- und Nachtzeit gespielt werden

3

4

5

1 *Italienische Architektur in Bozen – Bozen ist zu 75 Prozent Bolzano und zu 25 Prozent Bozen.* – 2 *Machtbauten: Während der Faschistenzeit wurden auch in Bozen architektonische Signale gesetzt, etwa mit dem Gerichtsgebäude.* – 3 *Bozens »Hotel Greif«: Schon das Foyer beeindruckt.* – 4 *Das Museum für moderne Kunst scheut keinen internationalen Vergleich.* – 5 *Das Bozner »Hotel Greif« bietet Zimmer, die von zeitgenössischen Künstlern individuell gestaltet wurden.*

kann, ohne einen anderen Gast zu stören. Und so beschloss Mayr, die vier Wände von 211 zur Leinwand für ein monochromatisches Spiel der Stimmungen zu machen. Erst wenn man die Innenseite einer Schranktüre genauer untersucht, entdeckt man ein weiteres Werk. Es zu beschreiben, hat wenig Sinn, denn es ist permanenter Veränderung unterworfen: In einem geschlossenen Rahmen darf jeder Gast Spuren hinterlassen. Zettel und Stifte liegen bereit, der rote Abdruck voller Lippen macht unter anderen Notizen den

Anfang. Augenlust eben. Der vorgegebene Titel wurde von den Künstlern ganz unterschiedlich aufgefasst. Freilich, der erotische Unterton wurde durchweg aufgegriffen, aber mit verschiedener Gewichtung: sanft, bedrohlich, verschnürt, verspielt …

Glück und Obst in Bozen

Für die Bozner gibt es eine altehrwürdige Liste von acht Punkten, die das Glück ausmachen. Der Südtiroler Volkskundler Karl Theodor Hoeniger brachte sie auf humoristische Weise in Reimform zu Papier: »So alt wie die Stadt und aus gutem Holz, ist der Bozner Schlag und der Bozner Stolz. Jedoch, um ein richtiger Bozner zu sein, genügt nicht nur der Heimatschein. Dazu muss man seit alten Zeiten auch teilhaftig sein der acht Seligkeiten, durch die ein jeder, noch eh er stirbt, bei uns hier den Himmel auf Erden erwirbt. Als erste muss man unter den Lauben ein Haus besitzen. Um eigene Trauben und eigenen Wein für den Hausgebrauch zu haben, muss man zweitens auch in Gries oder in Zwölfmalgrein mit einem Höfl begütert sein. Ganz unerlässlich ist auch zum dritten ein Sommerfrischhaus am luftigen Ritten. Und damit verbunden das Recht zum Tragen des weißen Mantels mit rotem Kragen. Vor Gott und den Menschen sich richtig zu zeigen, sei viertens jedem ein Kirchenstuhl eigen. Dazu als Ergänzung im weltlichen Sinne hat fünftens man eine Loge inne – im Stadttheater. Und sintemal ein jeder dieses Jammertal verlassen muss zu einer Zeit, und nach der Bozner Seligkeit zur ewigen wird eingeladen, ist sechstens unter den Arkaden am Friedhof ein Familiengrab vonnöten und zum siebten hab' man – dieser Punkt ist wenig klar – nur einmal jedes halbe Jahr die Wäsche, weil man Gott sei Dank, sie reichlich hat in Truh und Schrank. Als achte verlangen die einen genau, man müsse verwandt sein mit der Frau von Zallinger oder – wofür ich bin – verheiratet mit einer Boznerin; denn dieses war zu jeder Zeit die höchste Bozner Seligkeit.«

Ein wesentliches Merkmal der Bozner Altstadt ist der Obstmarkt. Hier bieten etliche Stände täglich eine Vielfalt an frischem Obst und Gemüse, Käse und Fleisch und neuerdings auch Brot und frisch gepresste Säfte an. Immer mehr alteingesessene Obst- und Gemüseverkäufer jedoch weichen den neuen Bürgern dieser Stadt. Vor allem Pakistaner verkaufen hier dunkelrote Granatäpfel aus Persien, getrocknetes Obst und frische Datteln aus Nordafrika. Im Herbst und Winter gesellen sich weitere Verkäufer dazu und verbreiten auf dem Markt den Duft gebratener Kastanien. Hier trifft man sich, dies ist Alltag in Bozen. Natürlich war der Obstmarkt schon immer auch ein Schaufenster für Touristen. Goethe etwa nahm sich zu Beginn seiner Italienreise Zeit für einen ausführlichen Blick auf das Markttreiben: »Die vielen Kaufmannsgesichter«, notierte er in seinem Tagebuch, »freuten mich beisammen. Auf dem Platze saßen Obstweiber mit runden, flachen Körben, über vier Fuß im Durchmesser, worin die Pfirschen nebeneinander lagen, dass sie sich nicht drücken sollten, ebenso die Birnen …«.

1 *Der berühmte Ötzi hat im Archäologiemuseum ein Zuhause gefunden.* – 2 *Die Rittner Erdpyramiden gehören zu den großen Attraktionen in Bozens Umland.*

2

1

2

Heute haben die Körbe gedeckten Obstständen Platz gemacht. Aber die Sorgfalt beim Sortieren der Früchte ist geblieben. An Sommerabenden, wenn die Marktler dicht gemacht haben, sitzt allerhand junges und älteres einheimisches Gemüse auf den abgedeckten Ständen. Wer in den Kneipen rund um den Obstmarkt keinen Platz findet, schnappt sich sein Glas und nutzt die Stände als Alternative. »Bermudadreieck« heißt das kleine Altstadtviertel zwischen Obstmarkt, Museumsstraße und Erbsengasse unter Insidern, wohl vor allem deshalb, weil man Gefahr läuft, eine Nacht lang darin zu verschwinden. Gelegenheiten dazu gibt es genug: die Brauerei »Hopfen & Co«, das »Nadamas«, das »Exil«, und dann natürlich auch die Terrasse Bozens, der Waltherplatz. Es lohnt sich, sich treiben zu lassen, Mozart hätte heute seine wahre Freude daran. Sein Lieblingswein, der Marzemino, wird ebenso kredenzt wie der Sauvignon und der schnelle »Leps« an der Theke, und zum »Knödeltris«, das auf manchen Karten gleich neben dem »Kaiserschmarrn con Mirtilli« angeboten wird, gesellt sich immer häufiger die »Polpetta con Speck«.

Hoch hinaus

Wer der brütenden Sommerhitze in der Stadt entfliehen möchte, sollte den Besuch einer der umliegenden Berggemeinden in Erwägung ziehen, etwa derer auf dem Ritten. Es ist wahrhaftig Ansichtssache. Wer den Rittner Berg von Kohlern aus betrachtet – also von jenem ausgelagerten Stadtteil Bozens, der quasi links vom Eisack liegt –, mag sich wundern, was denn an diesem traditionellen Sommerfrisch-Hausberg Bozens so besonderes sein soll. Und in Kohlern, wo sich ebenfalls einige Bozner Familien ihre Sommerresidenzen aufgebaut haben und wohin 1908, ein Jahr vor dem Bau der großen Seilbahn auf den Zuckerhut in Rio de Janeiro, immerhin die erste Schwebebahn der Welt gebaut wurde, wird man in diesem Punkt durchwegs auf Zustimmung stoßen. Aber die wahre Pracht des Rittens erkennt man erst, wenn man dort ist. Es ist ein bisschen so wie die Grundsatzfrage bei der Wohnungssuche: ist es besser in einem schönen, prunkvollen Haus zu wohnen oder im kleinen Haus gegenüber, von dem aus man das schönere Haus sieht? Nun, die Bozner »Noblesse« entschied sich frühzeitig für den Ritten, und so wurde der Besitz einer »Sommerfrisch«, zumal im märchenhaften Weiler Himmelfahrt, für jeden, der dazugehören wollte, recht bald »oblige«. Im Ergebnis traumwandelt man heute in Oberbozen am Ritten zwischen prächtigen Ansitzen und urtümlichen Bauernhöfen in einer vor lauter Schönheit fast unwirklichen Welt umher. Natürlich lohnen auch Wanderungen zum Beispiel zu den Erdpyramiden oder auf das Rittner Horn. Aber man kann auch gemach wie zur Zeit der höchsten Blüte der Oberbozner Gesellschaft mit der ehrwürdigen Schmalspurbahn zwischen Klobenstein und Oberbozen pendeln und einfach den Ausblick genießen. Die »Sommerfrisch« hält, was ihr Name verspricht, und während im Talkessel die Landeshauptstadt bei ihren Höchsttemperaturen mit den italienischen Spitzenwerten konkurriert, kann man am Ritten im Schatten ausladender Linden das beeindruckende Panorama bewundern. Hätte man ein gutes Fernglas und lebte man um die vorletzte Jahrhundertwende, würde man in Kohlern sehen, wie von dort ein anderer mit dem Fernglas herübersieht. Frei nach Wilhelm Busch: »Schön ist es auch anderswo und hier bin ich sowieso.« Ansichtssache.

1 *Der Ritten ist die Sommerresidenz der alteingesessenen Bozner Familien.* – 2 *In der Kommende Lengmoos werden im Sommer die Rittner Freilichtspiele abgehalten.* – 3 *Am Patscheider Hof bei Signat gibt es gute Südtiroler Küche und einen freien Blick auf den sagenumwobenen Rosengarten.*

Die Bergkette Rosengarten »blüht« erhaben über den Hügeln von Bozen.

Seite 86/87:
1 *Die »Laurin Bar«: ein wichtiger Treffpunkt im Zentrum der Stadt.* – 2 *Bozens Gassen werden in der Nacht zu erweiterten Schankräumen.* – 3 *Eine traditionsreiche Parfümerie unter den Lauben bietet neben Schaumbädern auch Schaumweine an.* – 4 *Der Zwergenkönig Laurin regierte einstmals unter den kristallenen Hallen des Rosengartens.*

1

2

3

4

Überetsch & Unterland

Das Überetsch und das Unterland sind zwei eigenständige Gebiete. Sowohl am oberen als auch am unteren Ende der Weinstraße wird Südtirol aber mit einer vergleichbaren Selbstverständlichkeit gelebt. Angesichts der milden Hügel und heimeligen Landschaft hat man sich hier schon immer an das gehalten, was man vor der Nase hatte: ein Gebiet, in dem es sich lohnt zu verweilen, zu Land, zu Berge und zu Wasser. Wo Wein ist, ist gut sein, und sogar Oswald von Wolkenstein hat in der Ferne vom Unterland geträumt.

Missian, am Rand des Überetsch gelegen, kann mit stolzen Herren und traumhaften Weinbergen aufwarten.

Warum zu Gott nach Frankreich?

Hocheppan – Kaltern – Tramin – Neumarkt – Terlan

Nach Süden geht es aufwärts oder links. Das ist durchaus nicht politisch gemeint, sondern einfach subjektiv geografisch. Nimmt man die Perspektive eines Vergnügungspilgers, der von Bozen kommt, trifft das ziemlich genau zu. Das Problem: Es ist eigentlich niemand ganz glücklich damit, dass das Überetsch mit dem Unterland oft in einem Atemzug genannt wird. Beides ist Süden, aber das ist auch schon alles. Die Überetscher sind stolze Herren, gesegnet mit noblen Ansitzen und traumhaften Weinbergen, die sich wie ein sanfter Teppich über das Land gelegt haben, die Unterlandler verschmitzte, irgendwie mediterrane Typen, deren Patriotismus aus dem Bewusstsein erwächst, das deutsch-italienische Scharnier zu sein. Zwei Gegenden, zwei Charaktere, zwei Kapitel.

Also zum einen: das Überetsch, aufwärts. Rein geologisch gesehen streckt die Landeshauptstadt dem Süden die Zunge despektierlich entgegen. Denn wenn Bozen der Kopf ist, ist der sanft aufsteigende Hügel des Überetsch die Zunge der Bozner Porphyrplatte.

Am Anfang des Warttals, linkerseits in den Hängen von Frangart, glänzt einem bei gutem Wetter eine acht Meter hohe Stahlkugel entgegen. Karl Nicolussi-Leck, ein begeisterter Kunstsammler und früher Präsident des Bozner Museums für moderne Kunst, hat sie aufgestellt, als Symbol der absoluten Vollkommenheit. Als Wegmarke mag sie den Überetschern damit recht und billig erscheinen. Denn die absolute Vollkommenheit beanspruchen sie natürlich für sich. Tatsächlich ist das Überetsch ein besonderes Schmuckstück Südtirols und nicht zufällig bis in den späten Herbst hinein Anziehungspunkt für sonnenhungrige Gäste aus dem Norden. Wäre es nach den Grafen von Eppan gegangen, die im 12. Jahrhundert an der Seite des Bischofs mit den Grafen von Tirol um die Vormachtstellung im Lande rangelten, wäre hier sogar das Zentrum der tirolischen Welt. Aber es kam anders.

Logisch, sagen die Überetscher heute, die alten Grafen werden sich angesichts ihrer paradiesischen Heimat gedacht haben, dass es doch viel gemütlicher ist, mit einem Gläschen Wein den Herrgott einen guten Mann sein zu lassen, als mühsame Konflikte auszutragen. Also blieb Tirol bei den fleißigen Tirolern, und die Eppaner genossen ihre Niederlage in prächtig geschmückten Edelsitzen und ließen sich die Sonne aufs Haupt scheinen. Diese Lebensanschauung hat sich bis heute gehalten. Wer sie verstehen will, braucht nur nach Hocheppan zu wandern. Die halbstündige Wanderung von einem Bauernhof oberhalb von Missian ist die kleine Mühe wert. Zuerst zum Kreideturm, dann durch den Buschwald gemach zur oben thronenden Burg. Der Kalterer Arzt, Lyriker und Schriftsteller Anton von Lutterotti kam in seinem Buch über Südtirol an dieser Stelle ins Schwärmen: »Noch bevor man in das Burggebäude eintritt, muss man an der Brüstung des Zuganges stehen bleiben und ins Land hinausschauen – im Frühling, wenn ein Blütenmeer Tal und Hänge mit einem weißen Schimmer überzieht, im Sommer, wenn der Dunst der Hitze aus den Niederungen steigt, im Herbst, der alles ringsum vergoldet, aber auch an klaren Wintertagen, an denen hier die Sonne trotz der weiß beschneiten

1 *Im Weingut Entiklar bei Kurtatsch bekommt man neben sehr gutem Wein manchmal auch eine Führung durch die Gartenanlagen des Schlosses Turmhof.*

1

1

2

Berge noch warm von den roten Felsen widerstrahlt – Hocheppan gehört zu den Höhepunkten des Südtirol-Erlebens!«

Hocheppan und Schloss Moos

Lustig waren die Rittersleut bekanntlich überall. Aber in Südtirol hinterließ ihre Lust am Leben auch künstlerisch Spuren, etwa auf Hocheppan. Wer den Weg hinauf zur alten Burganlage nicht scheut, wird frühestens durch den Blick ins Tal und spätestens durch die Fresken dort belohnt. Glaubt man den Überetschern, findet man hier auch eine der ältesten Darstellungen des Tiroler Knödels. Man kann darüber streiten, ob es tatsächlich Knödel sind, die sich die Mutter Gottes da zu Gemüte führt, darüber, dass diese Fresken zu den bedeutendsten des deutschen Sprachraums gehören, gibt es aber keinen Zweifel. Sehenswert sind aber auch die Malereien im Schloss Moos. Als der Kaufmann Walther Amonn 1958 sich in den Ansitz verliebte, ihn kaufte und eine Restaurierung in Auftrag gab, kamen unverhofft bedeutende Fresken aus dem 14. Jahrhundert ans Tageslicht. Darunter zum einen die inzwischen berühmte Szene des sogenannten »Frosch-Mäusekriegs« und ein seltener und frivoler Fruchtbarkeitsbaum, von dem reife, männliche Früchte »phallen«, die von nackten Frauen gierig eingesammelt werden. Eine Fantasie, die wohl ganz nach dem Geschmack der alten »Rittersleut« war.

Graf Enzenberg, der heutige Besitzer von Hocheppan, ist ein Graf, wie er im Buche steht. Selbst ein geübter Wanderer hätte Mühe, seinen Besitz abzuschreiten. Neben Hocheppan nennt er auch andere Burgen sein Eigen, inklusive seines persönlichen Wohnsitzes: Kampan. Verschmitzt funkeln seine wachen Augen über den üppigen Schnurrbart hinweg. »Ich bin Bauer, Forstwirt, Pferdezüchter, Kulturerhalter … Inzwischen bin ich aber in Pension und hab' noch mehr zu tun.« Man glaubt ihm, auch weil er bei der Liste seiner Tätigkeiten wohl noch ein halbes Dutzend ausgelassen hat. Allein die Erhaltung seiner Schlösser und Burgen hält ihn seit Jahrzehnten auf Trab. Seine Urahnen stammen eigentlich aus dem Pustertal. »Weil sie die Mühlbacher Klause so geschickt geführt haben, haben sie halt immer Geld gehabt«, sagt der Nachfahre und wird immer verschmitzter. »Allerdings«, fügt er hinzu, »sind die Enzenberg Mandeln nur deshalb so fähige Leute geblieben, weil sie so fähige Pusterer Weiber als Frauen gehabt haben.«

So recht er haben mag – die Pusterer gelten tatsächlich als fleißig –, seine Überetscher Freunde kommen mit dieser Aussage nicht ganz zurecht. Das Typische am Grafen Enzenberg ist aber, dass er sich daraus nichts macht, und das wiederum ist eine Überetscher Eigenschaft. »Der Graf«, sagt etwa Roman Drescher, »der Graf ist ein Phänomen.« Roman Drescher ist Journalist und stammt aus jener Überetscher Familie, die im Zentrum von Kaltern den Drescherkeller führt, ein originell-uriges Weinlokal, dessen Gastgarten zu den meistveröffentlichten Motiven für die Südtirol-Werbung gehört. Auch er ist irgendwie ein Phänomen. Sein jüngerer Bruder Theo ist der Chef im Haus, aber

3

wenn um acht Uhr abends der Drescherkeller offiziell geschlossen wird, übernimmt Roman den Laden. Für sich, für Lesungen und Konzerte, und natürlich auch, um in vertrauter Runde alles Mögliche zu diskutieren, Dorfgerüchte etwa. »Der Enzenberg«, heißt es da, »hat in die neuen Fensterläden von Kampan Schießscharten ausstanzen lassen.« »Verrückter

1 *Schloss Korb bei Eppan ist ein beliebtes Ziel für Genießer.* – 2 *Die gotische Sankt-Michael-Stube auf Schloss Moos-Schulthauss ist im Original erhalten.* – 3 *Der lustige Mann lockt den Besucher auf ein Tröpfchen in den Weinkeller.*

Hund«, sagt ein anderer. »Prost«, sagt ein Dritter, und die gesamte Runde trinkt einen ehrfürchtigen Schluck Kalterer See Auslese aus dem Hause Enzenberg. Manincor heißt das beeindruckende Weingut der Familie. Geführt wird es vom Adoptivsohn des Grafen, Michael Graf Goëss-Enzenberg. Als altes Weingut in neuem Kleid beschreibt er selbst seinen Besitz. Auf den insgesamt 35 Hektar spannt sich der Bogen für den Anbau von den traditionellen »Pergeln« bis zum modernen Spaliersystem. Je nach Lage, je nach Sorte, je nachdem. Und Graf Michael ist stolz darauf, dass die sanften Rebhügel eine intakte Tier- und Pflanzenwelt beherbergen. »Die Bearbeitung und Pflege der Weingärten«, sagt er, »ist auf Schonung und Erhaltung der Natur ausgerichtet.« Diese Überzeugung setzt sich natürlich auch im Weinkeller fort. »Unsere Keller sind tief, unheimlich und kühl und sind für unseren Wein das Beste, was es gibt.« Die Enzenberg vertrauen da auch auf die Weisheit der Ahnen. Schon die Erbauer alter Edelsitze wie Manincor wussten, wie Keller ideal belüftet und trotzdem kühl gehalten werden können, und Graf Michael ist davon überzeugt, dass diese Lüftungssysteme noch immer besser sind als so manche moderne Klimaanlage. Der Abstieg in die urige, original erhaltene Unterwelt im Bauch von Manincor ist ein Erlebnis für sich. Hier betören jahrhundertealter Kellergeruch und Kerzenlicht die Sinne des Besuchers. Wohlgemerkt nicht die des Kellermeisters. Der nämlich sorgt dafür, dass die romantische Kraft der alten Gewölbe mit der modernen Kellertechnik harmoniert, und es funktioniert. Der »Kalterer See« wurde vom italienischen Weinführer »Gambero Rosso« mit dem Oscar der Preisleistung ausgezeichnet, für den 1997er Merlot gab es die seltenen drei Gläser als Spitzenbeurteilung, und der Liebeneich, der auf einem neun Hektar großen Terlaner Anbaugebiet wächst, wurde einmal gar als bester Weißwein Südtirols beschrieben. Empfehlenswert zudem: der Blauburgunder »Mason«, der auf einem 400 Meter hohen, gegen Süden geneigten Plateau in Mazzon bei Kaltern angebaut wird und samtig, hochfiligran, nach Kirschen, Beerenfrüchten und gerösteten Nüssen und Mandeln duftend daherkommt.

»Manincor«, sagt Graf Michael, »ist mit seinen alten Mauern, die den geschlossenen Hof umarmen, wie ein ›clos‹ im französischen Burgund.« Er hat wohl recht, und ein Burgunder Patriot würde sich hier vermutlich fühlen wie Gott in Frankreich, aber wenn das der Drescher in seinem Drescherkeller hören würde … »Burgund, ach was, pah …«, würde er sagen, »das ist Überetsch, ganz normal Überetsch, das

1 *Das Weingut Manincor wird nach biodynamischen Richtlinien bewirtschaftet.* 2 *Geführt wird das beeindruckende Weingut von Michael Graf Goëss-Enzenberg.* – 3 *Der von außen fast unsichtbare Weinkeller erstreckt sich über drei Stockwerke unter einem Weinberg.* – 4 *Das Weingut Manincor befindet sich inmitten des größten zusammenhängenden Weinbaugebiets Südtirols.* – 5 *Auf den historischen Lagen mit Seeblick wachsen die Reben für die »Réserve del Conte«.*

4

5

1

2

beste Gebiet im Land.« Und dann würde er wieder mit seinen Freunden auf den »Kalterer See« des Grafen anstoßen. Früher hat man im Unterland immer heftig über den Überetscher Wein gestänkert. Die große Weinproduktion rund um Kaltern, hieß es da, würde ja nur mithilfe des Kalterer Sees zustande kommen. Das war zu jenen längst vergangenen Zeiten, als von den Weinlagen rund um den See Zigtausende Hektoliter wässriges Zeug wie der »Bauerntrunk Kalterer See« produziert und in Zwei-Liter-Flaschen an deutsche Supermarktketten geliefert wurde. »Pennerglück« hieß das Gesöff im Volksmund, und es bereitete damals auch den Produzenten im Überetsch Kopfzerbrechen. Die Unterlandler, vor allem die Traminer, konnten sich hingegen darauf berufen, ein altehrwürdiges Weingebiet zu sein, das sogar schon 1414 durch Oswald von Wolkenstein zu vergleichenden lyrischen Ehren kam. Der einäugige Haudegen, der damals im Schlepptau des Brixner Bischofs zu dem Konstanzer Konzil reiten musste, ärgerte sich über die Gastwirte am Bodensee, weil sie den Botschaftern und Gesandten nur minderwertiges Touristenzeug anboten. Und da einer wie er beim Wein kein Auge zudrücken konnte, reimte er spöttisch: »Ein Wasser muss in einer Pfann,/der Braten knapp bemessen,/Wildbret und Fisch in Acht und Bann./Die dürft ihr gar nicht essen./Ein Wein so süß wie Schlehentrank/macht mir die Kehle rau und krank,/dass sich verirret mein Gesang./Stark nach Tramin geht mein Gedank.«

Die Traminer sind stolz auf ihren Wein. Mindestens einmal im Jahr finden hier Vergleichsverkostungen zum weltbekannten Gewürztraminer statt. Und sie sind auch stolz auf ihre Geschichte. Der älteste Teil des Dorfes trägt den eigenartigen Namen Bethlehem, ein anderer Ortsteil heißt Beirut, ein dritter Tripolis … Niemand scheint wirklich zu wissen, warum. Etwas vermessen erscheint der Gedanke, dass die Namensgebung zeitlich an die jeweiligen christlichen und historischen Ereignisse in den genannten Teilen der Erde gekoppelt ist. Aber es ist besser, mit den Traminern darüber nicht zu sprechen. Bei Orts- und Straßennamen sind sie nämlich sehr eigen.

Als vor ein paar Jahren die Gemeindeverwaltung beschloss, im Dorf die Straßenschilder nur mehr deutsch statt zweisprachig zu halten, sorgte das im ganzen Land für Aufregung. Monatelang wurde debattiert, ob das nun rechtens sei oder nicht, immer wieder entflammten Diskussionen zwischen den politischen Vertretern der beiden Volksgruppen. »Schildbürgerstreich« war eine der am häufigsten verwendeten Umschreibungen von dem, was da vor sich ging. Irgendwann waren selbst die Traminer der Geister überdrüssig, die sie mit ihrer Idee gerufen hatten. Wer heute mit einer Kamera durchs Dorf streift, hört um sich herum schon mal, wie mürrisch und klappernd Fensterläden geschlossen werden.

Dabei sind die Unterlandler andererseits sehr gastfreundlich und gesellig. Da gibt es zum Beispiel in Neumarkt, auf der anderen Talseite, das Lokal »Johnson & Dipoli«. Mitten in der Altstadt, unter den Lauben, kaum zu übersehen. Der Name der Önothek ist halb italienisch und halb australisch, die Geschichte dazu lautet wie folgt: Ein Neumarkter Architekt, der in Florenz studiert hatte, lernte einen italophilen deutschen Architekten kennen, der mit einer Australierin namens Johnson verheiratet ist. Später heiratete auch der Südtiroler Architekt. Und zwar eine Frau mit dem wohlklingenden italienischen Namen Dipoli. Zusammen begannen die

1 *Tramin war das Reich der Grafen von Eppan und Tirol. Die gotische Pfarrkirche birgt einen Altar von Martin Knoller.* – 2 *Die Spitzen-Weinproduzentin Elena Walch zusammen mit Spitzenkoch Norbert Niederkofler in ihrem Weinkeller.* – 3 *Der Vinschgauer Stararchitekt Werner Tscholl hat die Traminer Weinkellerei neu gestaltet.*

beiden Männer von einem originellen gastronomischen Treffpunkt zu träumen. Und weil sie vorhatten, dort ebenso viel Zeit zu verbringen wie bei ihren Frauen, gaben sie dem Lokal die Namen der Damen.

»Johnson & Dipoli« ist heute einer der bekanntesten Unterlandler Geheimtipps für Menschen, die etwas von Wein, Atmosphäre und Gaumenfreuden verstehen. Besonders groß ist das Lokal nicht, zumal im Winter, wenn keine Tische unter den Lauben stehen. Dennoch darf jeder bleiben, so lange er will. Das ist eine jener Eigenschaften, die aus der ersten Zeit noch übrig geblieben sind. Damals hatten die beiden Ehemänner alles andere als ein lohnendes Geschäft im Kopf; wenn sie Glück hatten, zahlten sie am Ende des Monats nicht drauf. »Aber wir hatten Mordsspaß«, erinnert sich einer von ihnen heute. Zeno Bampi aka Mister Dipoli ist immer noch einer der fleißigsten Stammgäste seines Pächters. »Erst einmal«, erinnert er sich, »mussten wir damals die Herren von der Handelskammer davon überzeugen, dass es die Lokalbezeichnung ›Önothek‹ überhaupt gibt.« Zwar gab es zu diesem Zeitpunkt schon viele italienische Varianten dieses Wortes, die mit »Ö« und »k« wollte der sture Beamte aber nicht akzeptieren. »Also hab ich ihm den Duden auf den Tisch gelegt, das hat ihn überzeugt.« »Johnson & Dipoli« war zu dieser Zeit schon eines jener sehr seltenen Lokale, in denen auch teure Flaschenweine glasweise ausgeschenkt wurden, neben den anderen, günstigeren Rebsäften aus dem Schankhahn. Dieser sogenannte »Spinello« zu 45 Cent wird heute vom neuen Pächter nicht mehr angeboten. »Wenn ich den zulasse«, sagt Enzo de Gasperi, »fangen die Leute hier als Nächstes an, Karten zu spielen. Wer das will, der soll zu meiner Tante ins Lokal gehen, dort bekommt er auch den billigen Wein.« Enzo scheut keine Mühe, seine Gäste davon zu überzeugen, dass sie sich in einem besonderen Lokal befinden. Wenn er die täglichen Schlagzeilen aus der Küche kolportiert, vermittelt er über seine Mimik und Gestik schon etwas vom Geruch und Geschmack der Köstlichkeiten, die einen erwarten. »Thunfischmousse mit Rucola und Ricotta.« Enzo schaut verzückt nach oben und reibt die Finger bei der Nase sanft aneinander. »Hammelmedaillons mit Fenchelherzen.« Enzo zeigt mit zwei übereinanderschwebenden flachen Händen, wie zart und aromatisch das Fleisch sein wird. »Ziegenkäse aus Sexten im Pustertal.« Enzo legt Daumen und Zeigefinger über dem Mund zusammen und empfiehlt dazu einen Tocai. Die Wahl ist vorzüglich, und Enzo erzählt. Sein Vater sei aus Kalabrien, seine Mutter eine Deutsche, er selbst aus Neumarkt. Wie viele Sprachen spricht er, und welche am besten? »Beides«, sagt er, »dann italienisch, dann deutsch.« Das ist durchaus so zu verstehen, wie es klingt.

1 *Unter den Lauben in Neumarkt kredenzen »Johnson und Dipoli« so manchen guten Tropfen.* – 2 *Die Kreuzgewölbe tragen viel zum Flair der Önothek »Johnson und Dipoli« bei.* – 3 *Enzo Vincenzo de Gasperi ist hier der Fachmann.* – 4 *Das Klima und die Sonnenausrichtung bieten in Mazzon die besten Voraussetzungen für einen guten Blauburgunder.* – 5 *Weingüter in Mazzon an den östlichen Hanglagen des Etschtals.*

4

5

1

Im Unterland ist »beides« eine eigene Sprache irgendwo zwischen Südtirolerisch und Italienisch, genannt: »Mezz-per-sort«. Dort gibt es für jemanden wie Enzo eben einen »Contract« statt eines Vertrages und wenn es, wie in seinem Fall ein Pachtvertrag ist, dann ist es ein »Contract in Pacht«. Manchmal wird Enzo gefragt, ob er sich mehr italienisch fühlt oder deutsch. Das ärgert ihn dann, und er sagt: »Weder noch, ich bin impulsiv« und wird mit dieser Frage ein bisschen in Ruhe gelassen. Impulsiv ist Enzo übrigens auch in der Preisgestaltung seines Lokals. Seit hier unter anderen auch Stars wie Mario Adorf abgestiegen sind, fragt Enzo nicht mehr lange nach, wenn jemand einen »guten Roten« bestellt. »Ein guter Roter?«, sagt Enzo dann, »kommt sofort«, und öffnet unter Umständen das beste Stück aus seiner Sammlung von 300 Weinen. Ein kleiner Tipp: Im Lauf des Abends immer mal wieder den Zwischenstand abfragen, um am Ende nicht böse Überraschungen zu erleben.

So wie bei Enzo die Sprache, ist in Neumarkt die Architektur: gemischt. Im Baustil dieses wirtschaftlichen Hauptortes des Unterlandes spürt man immer wieder auch einen italienischen Einfluss. An sich eine gute Mischung, und die dicht gedrängten Häuser mit ihren tiefen Kellern, schönen Rundbögen und Säulen entlang der Laubengänge wirken harmonisch zueinander. Aber wie so oft in sprachlichen Grenzgebieten ist das mit der Mischung manchmal eine heikle Sache.

»Ein deutsch Tirol« steht unübersehbar auf einem Felsen vom Sitzkofel in Graun, oberhalb von Kurtatsch, geschrieben. Von hier aus kann man den Blick weit über das darunterliegende Tal schweifen lassen. Die Aussicht ist beeindruckend und es fällt schwer, aus dieser Entfernung die alte Politik der Trennung zwischen »Deutschen« und »Walschen« (Italienern) auszumachen.

Ein provozierender Witz macht die Runde: Kommt ein italienischer Südtiroler in eine Metzgerei und verlangt nach einem echten Südtiroler Speck. Die Metzgerin nimmt den Speck aus der Vitrine und beginnt, ein Stück abzuschneiden. »Nein, nein«, sagt der Kunde, »ich meine einen wirklich echten Südtiroler Speck, von einem Südtiroler Fock. Nicht den holländischen, der nur hier verarbeitet wurde.« Die Verkäuferin beschwichtigt: »Schauen Sie, dieser Speck trägt das Südtiroler Gütesiegel. Das Schwein stammt zwar wohl aus Holland, aber letztendlich geht es ja vor allem um die Verarbeitung und die ist absolut original südtirolerisch.« Daraufhin antwortet der Italiener: »Das ist mal wieder typisch. Das holländische Schwein verbringt ein paar Monate im Land und wird gleich zu einem echten Südtiroler, und zu mir sagen sie nach 50 Jahren immer noch ›walscher Fock‹.«

Manchmal trieb die Spannungspolitik auch im Ernst seltsame Blüten. Vor ein paar Jahren, als das Thema noch heißer gekocht wurde, stellte die Südtiroler Wochenzeitung »FF« das Geschichtsbewusstsein der Süditroler Jugendlichen auf die Probe. Die Frage, die es damals zu beantworten galt, lautete: Gegen wen hat der Freiheitskämpfer Andreas Hofer seinerzeit gekämpft? Die Italiener, die Deutschen, die Franzosen? Die meisten antworteten: gegen die Italiener. Dass es die Franzosen und deren Verbündete waren, passte damals einfach nicht ins Bild.

Ob die Unterlandler deshalb so große Patrioten sind, weil Andreas Hofer seine letzte Nacht auf heimatlichem Boden hier verbrachte? Gespenstisch sind die letzten Zeilen, die der Volksheld im Neumarkter Kerker verfasste. So als hätte er alles schon hinter sich, schrieb er am 30. Januar 1810 an seinen Freund Josef von Pühler:

1 *Margreid am südlichen Ende der Weinstraße wurde von den großen Touristenströmen noch kaum entdeckt.* – 2 *In den Lauben in Neumarkt drängen sich die Häuser aneinander und wirken dennoch locker und harmonisch angeordnet.*

»Der göttliche Willen ist es gewösn, dass ich habe müssen hier in Mantua mein zeitliches mit dem Ewigen verwechseln, aber Gott sei Dank um seine göttliche Gnad, mir ist es leicht vorgekommen. Ade, meine schnöde Welt, so leicht kommt mir das Sterben vor, dass mir nicht einmal die Augen nass werden.« Der Tisch, an dem Hofer diese Zeilen schrieb, steht noch in der Zelle des alten Neumarkter Laubenhauses, und Wolfgang Renzi, der Besitzer des damaligen Kerkers, hat alles daran gesetzt, die gruselige Stimmung zu erhalten.

»Genau drei Wochen später«, erzählt er, »am 20. Februar 1810, ist Andreas Hofer in Mantua füsiliert worden.« »Füsiliert?« – »Füsiliert!«, und wieder stellt sich die Frage: Ist das nun italienisch, deutsch oder französisch? Nichts von alledem. Es ist unterlandlerisch, ganz einfach.

Spargelzeit, hombre

Neben dem Wein gehört auch der Spargel in diesen Teil Südtirols. Heute ist die Spargelanbaufläche der Schwanburg mit knapp zwei Hektar die größte zusammenhängende in der Gegend. Innerhalb der sechs bis acht Wochen Erntezeit bedeutet das etwa 10 000 bis 12 000 Kilogramm Spargel. Südtiroler Spargel wächst nicht nur in Südtirol. Außer er hat einen Namen. Margarete zum Beispiel, oder Schwanburg. Der Rest stammt aus Spanien, Frankreich oder Marokko: ein offenes Geheimnis. Glücklicherweise gibt es Orientierungshilfen. Was beim Wein die Bezeichnung »DOC e.g.« ist, ist beim Spargel der Name. Eben Margarete oder Schwanburg. Einer von beiden sollte als Tischkärtchen für Qualität bürgen. Ladies first. Margarete war eine Idee der Terlaner Kellereigenossenschaft. Was im sogenannten Spargeldreieck zwischen Terlan, Vilpian und Siebeneich an Spargel angebaut wird, wird entweder von den Bauern in den eigenen gastronomischen Betrieben angeboten oder über die Kellerei weiterverkauft. Und zwar ausschließlich an die Restaurants der drei Dörfer. Margarete Maultasch, die letzte Tiroler Regentin der Region, wacht über diesen Grundsatz. Wenn der Spargel wirklich aus einer der Terlaner Spargelanbauflächen stammt, darf er ihren Namen tragen. Margarete regiert dabei ein verhältnismäßig kleines Imperium. Rund sechs Hektar haben die 16 Spargelbauern in der Gegend unter sich aufgeteilt. Die Bedingungen sind gut, der Sandschwemmboden in den Auen des Etschtales ideal für das zarte Gemüse. Und Margarete hat auch neue Maßstäbe gesetzt: auf die Länge kommt es an UND auf die Dicke. Wenn beides stimmt und der Spargel zudem noch über eine noble Blässe und einen wohlgeformten Kopf verfügt, ist die Tiroler Regentin glücklich. Die Terlaner Touristiker haben bald erkannt, dass mit der Spargelzeit einiges anzufangen ist, und sie haben auf diesen Trend reagiert. Da werden kulinarische Spargelwanderungen angeboten, in denen die aus allen Poren blühende Apfelgegend im Allgemeinen und der Spargelanbau im Speziellen präsentiert werden und immer wieder auch Vorträge über den gesundheitlichen Aspekt einer Spargelkur gehalten. Ein eigener Aspekt ist die Symbiose zwischen Spargel und Wein. Was am häufigsten zum Spargel serviert wird, ist neben der Bozner Soße der von der Terlaner Kellerei eigens produzierte Sauvignon. Und hier scheiden sich die Geister. Der Spargel hat einen so feinen und zarten Eigengeschmack, dass er vom fruchtigen Sauvignon übertönt wird. Ein Gegenvorschlag: ein Cuvée aus Weißburgunder, Grauburgunder und nur zehn Prozent Sauvignon. »Terlaner« heißt zum Beispiel die entsprechende Kreation aus dem Hause Schwanburg, die auch ohne Spargel Laune macht.

1 *In Terlan neben der Etsch wächst Spargel im sandigen Boden.* – 2 *An den Hängen wachsen die Reben für die Weißweine, aus denen der »Spargelwein« gekeltert wird.*

2

1

2

Als Dieter Rudolph, der leider früh verstorbene Herr über die Schwanburg, seine Mitarbeiter mit der Idee konfrontierte, Spargel anzubauen, erntete er vorerst ein verständnisloses Naserümpfen. Aber Rudolph, der Rebell, wie er mitunter genannt wurde, gehörte nicht zu jenen Geistern, die sich leicht beschwören lassen. Zusammen mit einem Freund machte er sich auf, um in der Versuchsanstalt von Rovigo so viel wie möglich über den Spargelanbau zu lernen. Als er zurückkam, hatte er das notwendige Wissen und die Begeisterung im Gepäck, die er seinen Mitarbeitern weitervermitteln konnte. Denen ging es dann genauso: die Schulung brachte die Lust auf das neue Projekt.

Seen – und gesehen werden

Das sonnengesegnete Land südlich von Bozen ist außerdem mit den drei einzigen Seen gesegnet, die eine erwachsene Größe haben und unter 1000 Meter liegen: der Kalterer See und die beiden Montiggler Seen. Insgesamt zählt man hierzulande nur 176 natürliche stehende Gewässer, die großteils klein sind.
Es gibt eine erstaunliche Anzahl prominenter Südtiroler, die bisher noch nie schwimmen gelernt haben. Irgendwie gehört dieses Element nicht zwangsläufig zur Grundausstattung der sonst vielseitigen Alpenbewohner. Sie sehen die Seen, aber müssen darin nicht baden. Tatsächlich gibt es in Südtirol auch weit weniger Seen als in anderen Alpenregionen.
Weil der Kalterer See, der größte Südtirols, an der tiefsten Stelle nur sechs Meter misst, ist er gleichzeitig auch einer der wärmsten Seen in den Alpen. Sobald im Frühsommer die ersten Sonnenstrahlen an Kraft gewinnen, wagen sich die ersten Besucher hinein. Surfer zumal, denn der Nachmittagswind kommt pünktlich und verlässlich. Glücklicherweise ist er mit seinen zwei Kilometern Länge dann doch groß genug, damit sich Surfer und Badende nicht in die Quere kommen. Ab Mitte Juli kommt am Lido vom See dann auch so richtig Rimini-Stimmung auf. Inklusive aller Unterhaltungskonnotationen vom Kinder- bis zum Musikfestival.
Demgegenüber haben sich die beiden Montiggler Seen noch etwas von ihrem urtümlicheren Charme bewahrt. Tagsüber ist zwar auch hier einiges los, und auf den Liegeflächen zwischen See und Erlebnisbad rekeln sich geölte Wassernixen wie überall auf der Welt.
Aber nachts, wenn das Freibad geschlossen ist, sind nur mehr die Romantiker unterwegs. Gitarrenklänge und Picknicks um den See herum, abseits vom großen Trubel. Verantwortungsvolles Verhalten ist geboten, tags darauf sollten in diesem Naturschutzgebiet keine Tüten mehr am See gesehen werden.

3

4

5

1 *Blick von Altenburg auf den Kalterer See und die Dolomiten.* – 2 *Der große Montiggler See und sein kleiner Bruder sind beliebte Badeseen.* – 3 *Wenn am Nachmittag der starke Wind über den Kalterer See weht, beginnt die Hochzeit für Segler und Surfer.* – 4 *Seerosen und Schilf umrahmen die großen Seen im Überetsch.* – 5 *Mehrere Hotels laden rund um den Kalterer See zum Verweilen ein.*

8a
1

Café
Bistro
Geöffnet-
aperto
17-24h
Erlesene Weine
Sekt
Bier-Kaffee
Säfte
versch. Bruschette
Speck
Käsevariation
Graukäse
Mozzarella Tomaten
Kalbskopf sauer
Forelle geräuchert
KELLEREI KALTERN
2

3

1 *Einmal im Jahr verwandeln sich die Gassen von Sankt Pauls in eine »gastliche Tafel«.* – 2 *Im Café-Bistro von Sankt Pauls freut man sich auf Gäste.* – 3 *Das »Dorn auf dem Lande« sollte Macht und Ansehen der Bevölkerung demonstrieren.* – 4 *Der Gasthof »Schwarzer Adler«, eines der vielen Baudenkmäler in der Gegend.* – 5 *Der Saltner hatte die Aufgabe, unliebsame Besucher von den Weingütern fernzuhalten.*

4

5

Das gotische Schloss Englar in Eppan ist ein ganz besonderer Hotelbetrieb.

Seite 110/111:
1 *Dorfplatz in Kaltern.* – 2 *Der Heilige Christoph in der Pfarrkirche von Sankt Anton bei Kaltern ist der Schutzpatron der Reisenden.* – 3 *Die Standseilbahn führt auf direktem Weg von Kaltern auf die Mendel.* – 4 *Die hübschen Dorfstraßen in Kaltern laden zum Flanieren ein.*

1
Boutique
Papillon
er Keller
Blumen Helene

2

3

4

Meran

Meran hat eine bewegte Geschichte durchlebt. »Dalle stelle alle stalle«, von den Sternen zu den Ställen und vor allem wieder zurück. Ursprünglich als Landeshauptstadt des alten Tirols geplant, ist Meran so lange in der Bedeutungslosigkeit versunken, bis die milde Stadt an der Passer als Luftkurort wieder entdeckt wurde. Seither sind Palmen vor verschneiten Berggipfeln das typische Motiv der Stadt, und der Charme der »feingliedrigen Braut« geht an keinem Besucher vorüber. Ob er nun zur Kur, zum Konzert oder zum Wandeln auf geschichtlichen Spuren herkommt.

Das Kurhaus bietet in seinen Seitengebäuden Platz für Bankette, Bälle und Kongresse und gehört zu den Hauptsehenswürdigkeiten der Stadt.

Die »feingliedrige Braut« des Südens

Schloss Trauttmansdorff – Passeiertal – Ultental

Es ist schon erstaunlich, was Meran beim Besucher bewirkt. Ganz gleich, ob es die bleichen deutschen Gestalten sind, die mit karierter Hose und baumelnder Kamera aus einem Reisebus steigen; die Stammgäste, die auf der Promenade jedes Jahr an derselben Stelle die gleichen Tauben füttern; oder Weltstars wie Luciano Pavarotti, die im »Palace-Hotel« absteigen, um für teures Geld zu fasten. Jeder findet hier Ruhe und spürt den Atem des Ausgleichs.

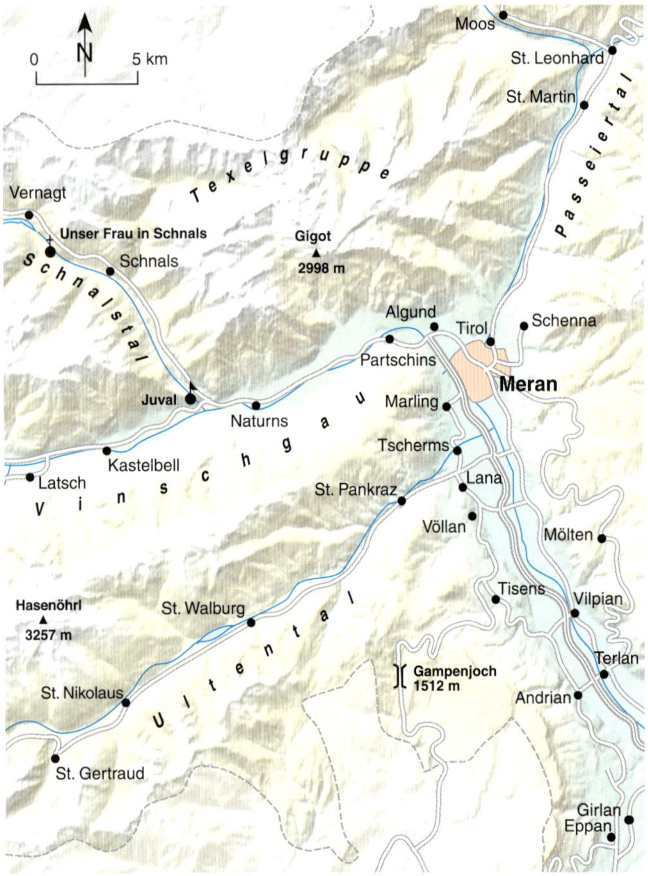

Meran ist die Stadt der Muße, der Dichter, Künstler und Monarchen, der Trauben und der Erholung, und es hatte die besten Voraussetzungen, das Montmartre oder Greenwich Village des Alpenraums zu werden. Sogar Norbert C. Kaser, der Südtiroler Dichter mit der spitzesten Feder, streckte bei Meran die Waffen. »Du feingliedrige braut des suedens«, schrieb er und hat es wohl auch so gemeint. Am Ende der bewegten Geschichte ist hier auch das ethnische Pendel zur Ruhe gekommen, deutsch- und italienischsprachige Südtiroler halten sich die Waage. Zwei Dinge standen am Anfang der neuen Blüte von Meran: das Husten einer feinen Dame und das romantische Ausbrechen eines Herzogs, unabhängig voneinander.

Man schrieb das Jahr 1836, die Stadt lag in tiefem Schlummer, es roch tierisch nach Provinz. In Wien, wo mittlerweile das Zentrum des Hochadels angesiedelt war, hüstelte währenddessen Fürstin Mathilde von Schwarzenberg lustlos und gelangweilt vor sich hin, und ihr Hausarzt, Dr. Josef Huber, empfahl ihr eine Kur. Von Meran wusste er zu dieser Zeit nicht viel. Nur vielleicht, dass Kaiserin Marie Luise, die Gemahlin des auf St. Helena gefangen gehaltenen Napoleon I., 18 Jahre zuvor einmal ihre Ferien dort verbracht hatte und dort ganz zufrieden gewesen sein soll. Kurz entschlossen setzte sich Dr. Huber mit dem Bürgermeister von Meran in Verbindung und ließ alles für seine Patientin vorbereiten. Der Bürgermeister, ein geschickter Mann namens Johann Valentin Haller, erkannte die einmalige Gelegenheit und setzte alle Hebel in Bewegung. So beeindruckt waren die Fürstin und ihr Hausarzt am Ende, dass dieser im Anschluss an den Aufenthalt sogar ein Büchlein über die Passerstadt schrieb, Titel: *Über die Stadt Meran in Tyrol, ihre Umgebung und ihr Klima*. Unter anderem heißt es darin, dass Luft, Wasser und Milch in Meran von derartiger Güte seien, »dass das natürliche Lebensende lange hinausgeschoben werden könne«. Unnötig zu sagen, dass angesichts dieser Worte alle feinen Wiener Damen und Herren in den von süßlichen Puderschwaden durchzogenen Gesellschaftssälen sofort nach Meran wollten. Schon zwei Jahre später, 1838, machte Kaiser Ferdinand I. von Österreich zusammen mit der Kaiserin seine Aufwartung, 1845 taten es die Kollegen Könige von Würt-

1 *Meran vor der imposanten Kulisse der Texelgruppe.* – 2 *Laubenstolz: 100 Schritte länger als jene von Bozen musste die Meraner Laubengasse sein.*

1

2

1

temberg und Preußen, im Jahr darauf der belgische Regent und dann natürlich, 1874, Sissi.
Von nun an ging es wieder hoch her in Meran, und bald war die Zeit vergessen, in der die Stallungen der Meraner Innenstadt rund 150 Kühe beherbergten. Meran, jahrzehntelang spöttisch als »Kuhstadtl« bezeichnet, hatte den Wandel zur Kurstadt vollzogen.

Der Botanische Garten

Sissi verbrachte mehrmals ihre Winter auf Schloss Trauttmansdorff. Touristiker sagen immer wieder gern, dass die Zeit der höchsten Blüte in der Passerstadt jene der Kaiserin Sissi war. Ab der Mitte des 19. Jahrhunderts war allgemein bekannt, dass Meran das wintermildeste Gebiet im deutschen Sprachraum ist. Diese Eigenschaft war der fruchtbare Nährboden für den zwölf Hektar großen, neuen Botanischen Garten um das Schloss herum. Seit 1994 zogen die Gartenarchitekten auf vielen Terrassen und Anlagen Gewächse aus aller Welt, doch die Sache brauchte ihre Zeit: Im Sommer 2001 wurde der Botanische Garten eröffnet. Sonnengärten, Wasser- und Terrassengärten, Waldgärten, japanische und Südtiroler Landschaften verteilen sich über das Gelände. Nicht weniger als 170 000 Pflanzen buhlen um die Aufmerksamkeit des Besuchers. Die Kaiserin hätte sicher ihre helle Freude daran gehabt!

Richtig geadelt wurde Meran aber von der romantischen Ader des Erzherzogs Johann von Österreich, dem Sohn Kaiser Leopolds II. Johann, ein Querkopf unter den Habsburgern, war in Wien schon 1809 wegen seiner Sympathie für die aufständischen Tiroler unangenehm aufgefallen. 20 Jahre später fiel er dann endgültig aus seiner Rolle: Gegen jeden Familienrat beschloss er, die Meraner Postmeisterstochter Anna Plochl zu heiraten. Aus war's damit für ihn mit der Karriere im Hause Habsburg. Dafür aber lebte er mit allen Vorzügen des Aschenputtel-Idylls fortan auf Schloss Schenna oberhalb von Meran und erlebte die posttraumatische Zeit seines kaiserlichen Clans glücklich und zufrieden am Busen seiner frisch geadelten Familie. Seine Nachkommen sind die heutigen Grafen von Meran.
Dass Johann, der Herzog, herzog, motivierte die Touristiker. Mit frischem Elan und des Herzogs Beratung machte man sich daran, auch die Kur-Strukturen aufzumöbeln. Spätestens als das Kurhaus nach den Plänen des Wiener Architekten Friedrich Ohmann im Jugendstil mit allem gebührenden Pomp und – ganz außerordentlich – mit der ersten elektrischen Lichtanlage Merans, eingeweiht wurde, florierte es in der Kurstadt aus allen Poren. Und wäre kurz danach nicht der Erste Weltkrieg ausgebrochen, Meran hätte zumindest die Freizeit-Kapitale der Monarchen werden können.

2

3

4

1 und 2 *Die Gärten von Schloss Trauttmansdorff setzen immer neue Farbakzente und führen in verschiedene Landschaften der Welt.* – 3 *Im Bienenhaus kann man den fleißigen Tieren durch Glasscheiben bei der Arbeit zusehen.* – 4 *Kaiserin Sissi spielt im kollektiven Bewusstsein eine große Rolle.*

Die Heimat des Andreas Hofer

Von Meran aus Richtung Nordosten erstreckt sich das Passeiertal und die Heimat des wichtigsten Freiheitskämpfers der Tiroler Geschichte. Fast magisch zieht das Bergmassiv des Jaufenpasses die Aufmerksamkeit im Passeiertal auf sich. Von Meran aus kommend, hat man den Berg immer im Blick, und irgendwann ist man da: am Talschluss in St. Leonhard. Da der Jaufenpass, aber auch das 2491 Meter hohe Timmelsjoch, beeindruckende Panoramastraßen sind, trifft man im Sommer oft auf Cabrio- und Motorradfahrer, die ihre Maschinen am geduldigen Berg ausreizen. Zudem ist das Timmelsjoch, der dritthöchste Pass der Ostalpen, beliebt für Oldtimer-Rallyes. Ein Pflichtstopp und eine willkommene Erholungspause für die Piloten ist dann immer auch der »Sandhof« in St. Leonhard.

Hier lebte der Tiroler Volksheld Andreas Hofer. Von hier aus eroberte der Pferdehändler und Schnapshändler die Gunst seiner Mitmenschen, ausgenommen die Franzosen, gegen die er zwischen 1796 und 1805 kämpfte. Später, nachdem Andreas Hofer verraten, verurteilt und erschossen worden war, wurde der »Sandhof« vom österreichischen Kaiser erworben und dem Sohn Hofers zum Lehen gegeben. Heute ist der Hof im Besitz der Tiroler Adelsmatrikel und beherbergt neben dem Gasthaus ein kleines Museum mit Erinnerungsstücken und biografischen Wegmarken des Freiheitshelden.

In der Gegend sind zudem die sogenannten Schildhöfe beheimatet. Sie standen ursprünglich mit den Grafen von Tirol in Verbindung. Das Interessante an diesen Höfen ist, dass nicht ihre Inhaber direkt vom Fürsten geadelt wurden, sondern der Hof an sich eine Sonderstellung einnahm. Wer immer den meist strategisch gelegenen Schildhof führte, war im Kriegsfall Begleiter hoch zu Ross und in Friedenszeiten Vertrauter für Kammer und Küche. Aber nur, solange er dort blieb. Dafür hatten die Besitzer der Schildhöfe gewisse Vorrechte, mussten weniger Steuern zahlen und durften freier jagen. Die Privilegien der Schildhöfe erloschen erst nach den Napoleonischen Kriegen, zusammen mit vielen anderen Vorrechten. Geblieben ist vielen noch ein Hauch von Stolz, der aus den alten Mauern spricht, und bei manchen die gute Hand in der Küche.

Die Meraner Lauben

Schon in den Ursprüngen war Meran als Hauptstadt Tirols geplant. Die von Meinhard II. Jahrhunderte zuvor konzipierte Laubengasse ist ein beredtes Zeichen dafür. Genau 400 Schritte sollte die Länge der »Gwölbe« betragen, mehr als jene aller anderen Handelsstraßen dieser Zeit. Vor allem aber mussten die Lauben 100 Schritte länger sein als die in Bozen. Stolz bastelte man an der Zukunft der Grafschaft, und die Stadt zu Füßen der 1120 erbauten Stammburg der Tiroler hatte beste Chancen, tatsächlich zum Zentrum der sich ständig erweiternden Territorialherrschaft zu werden. Stolze Burgen und prächtige Ansitze wurden auf die Hoffnung der prosperierenden Hauptstadt gebaut. Allein in der Obermaiser Gegend besteht ein Stadtteil praktisch ausschließlich aus schlossartigen Ansitzen. Aber es kam anders. Als die landesfürstliche Residenz 1420 von Schloss Tirol nach Innsbruck verlegt und bald darauf auch die Münzprägung nach Hall ausgelagert wurde, nahm das Ende seinen Anfang. Es dauerte nicht lange, und die Meraner mussten die schicken Lagerräume ihrer Laubenhäuser mit Nutztieren füllen. »Dalle stelle alle stalle«, von den Sternen zu

1 *Im Sandhof in Passeier wird am Beispiel Andreas Hofers über Helden reflektiert.* – 2 *Die Herz-Jesu-Kapelle aus dem Jahr 1899 steht im kleinen Freilichtmuseum neben dem »Sandhof«.* – 3 *Hölzerne Bauernhöfe prägen die Landschaft an den steilen Hängen des Ultentals.*

2

3

1

Profanter
·Täglich frisches Brot
·Ogni giorno pane fresco
·Ohne Schweinefett
·Senza strutto
Regional & Saisonal
Essen und Trinken!
Mangiare e bere regionale
1,10€

2

den Ställen, lautet ein italienisches Sprichwort, und es trifft hier besonders zu. Letztlich bedingt diese historische Berg- und Talfahrt aber auch den besonderen Reiz der Stadt, wie viele der heute rund 39 000 Einwohner wohl bestätigen.
Umberto Carrescia ist ein typischer Meraner. Der Soziologe und Musiker mit den unverkennbar meridionalen Zügen seiner Vorfahren sitzt mit seinen drei Kindern im Kaffee und schmunzelt über die süditalienische Gestik der Kleinen, die untereinander Deutsch sprechen. Das Südtirol, in dem sich Umberto wohlfühlt, ist hier, und die Frage liegt auf der Hand: Was muss man hier gesehen haben, um Meran wirklich zu verstehen? Umbe, wie ihn seine Freunde nennen, nimmt zuerst einen ernsthaften Anlauf, erzählt von der jüdischen Synagoge in der Schillerstraße, der schmucken Postbrücke im Jugendstil und von der Heiliggeistkirche, einem spätgotischen Juwel. Dann aber hat er noch einen überraschenden Tipp. »Der Ost-West-Club in der Passeirergasse«, sagt Umberto, »egal zu welcher Tageszeit.« Dort, im Steinacher Stadtviertel nahe dem Passeirer Tor, soll jene lebendige Stimmung sichtbar werden, die aus dem Geist der beiden harmonierenden Ethnien entsteht. »Eine wichtige Meraner Persönlichkeit«, erzählt Umberto augenzwinkernd, »wird dir dort ein Bier servieren und gleich danach vergessen, dass er es getan hat.«
Besagter Mann, Harry Reich, lässt sich gern ablenken und hat ständig neue Ideen, um Meran mit allerlei Festivals zu beleben. »Die Nacht« mit Lesungen, Konzerten und allerlei Gauklern in den verschiedensten Ecken der Stadt war eine dieser Ideen, »Zeitwandel« eine weitere Edition. Und wer an einem Sonntagabend im »Ost-West-Club« vorbeischaut, bekommt die Creme der Meraner Musikszene bei einer Jamsession zu hören.
Natürlich lässt sich aber auch das offizielle Rahmenprogramm der Stadt sehen und hören. Die kulturellen Angebote sind längst über die verhaltenen Ansprüche der ersten Kurgäste hinausgewachsen.
Damals, im 19. Jahrhundert, als die hüstelnden Gäste noch das Stadtbild bestimmten und die allgemeine Stimmung so leichtfüßig war, wie die Grazien auf dem Pavillon de Fleurs, wurde zur Kur vor allem unterhaltsames Gefiedel gereicht. Einerseits, weil das irgendwie zur österreichischen Traumbotschafterin Sissi passte, die Meran zu einer touristischen Mozartkugel machte. Andererseits vielleicht auch, weil sich die akustischen Begleitumstände der Tuberkulosepatienten mit den handelsüblichen Rhythmen der Kurorchester besser vereinbaren ließen. Dabei gab es schon damals unter den Kränkelnden einige, die durchaus auch musikalisch anspruchsvollere Kost vertragen hätten: Franz Kafka, Arthur Schnitzler und Christian Morgenstern zum Beispiel, oder Max Reger, Hans Pfitzner, Béla Bartók und Franz Lehár. Sie alle zählten zu den mehr oder weniger regelmäßigen Gästen der Kurstadt.
1986, anlässlich des 150. Geburtstags der Kurstadt, wurden die Meraner Musikwochen aus der Taufe gehoben. Das Ziel: ein Festival mit hohen Ansprüchen auf die Beine zu stellen, und Andreas Cappello,

3

der künstlerische Leiter der ersten Stunde, verpflichtete für die ersten Konzerte namhafte Ensembles wie die Camerata Bern, die zwölf Cellisten der Berliner Philharmoniker oder die Solistin Veneti unter Claudio Scimone. Manchmal hatten Veranstalter und Publikum in den frühen Jahren des Festivals noch unter der Arroganz jener Musikstars zu leiden, die den Meraner Auftritt als eine Art Wegzehrung mit Schnäppchencharakter verstanden. Das würde sich heute aber in Meran keiner mehr erlauben. Das Publikum ist auch strenger geworden: Wenn einer auf der

1 *Am Thermenplatz in Meran werden regelmäßig Open-Air-Konzerte veranstaltet.* – 2 *»Pur Südtirol« bietet nur Waren aus regionaler Produktion an – und von allem nur das Beste.* – 3 *Jazz und klassische Musik vom Feinsten gehören zum fixen Repertoire des Meraner Kulturlebens.*

Bühne lustlos auf seinem Instrument herumdümpelt, ist im Kursaal bald Schluss mit lustig.
Heinrich Schiff hat ab 1990 als künstlerischer Berater das Seine dazu beigetragen, und zwei Jahre nach ihm Sir Neville Marriner, der die Academy of St. Martin in the Fields zum Residenzorchester des Festivals machte. Diese Namen zogen weitere nach sich, manche von ihnen wurden sogar Stammgäste: das Hagen Quartett etwa, die Deutsche Kammerphilharmonie, Zubin Mehta, Kurt Masur und Mstislav Rostropovitch. Das Festival war etabliert. Ein bisschen Hüsteln ist später dann doch wieder hinzugekommen. Ganz bewusst allerdings. Mit Musikern wie Friedrich Gulda, Giora Feidman oder Ensembles wie Quadro Nuevo. Diese Abwechslung ist eine kluge Idee der Veranstalter.

1

Schließlich wollte man sich ja kein steifes Stadtpublikum mit gepuderten Nasen heranzüchten. Denn Meran ist ja auch mehr als das. Zum Beispiel außerhalb der Stadt. Etwa im Ultental, wo kein Geringerer als Bismarck fast ein Südtiroler geworden wäre.

Das Tal der Katholiken

Sankt Pankraz, Sankt Walburg und Sankt Gertraud lauten die Namen der drei Gemeinden im Ultental, das in Lana südlich von Meran beginnt. Hier strahlen die alten Bauernhöfe mit ihren hübschen Schindeldächern noch eine erholsame und alltägliche Selbstverständlichkeit aus, hier atmen die kleinen Kirchen noch den ehrlichen Geist der alten Frömmigkeit. Wenig Pomp, dafür viel Geschichte.
Bis zum Ersten Weltkrieg tummelte sich in Mitterbad, ein paar Kilometer hinter Sankt Pankraz, die hohe Gesellschaft Europas. Hier, wo heute die großen Gebäude der alten Badeanstalt und des Hotels altersschwach von besseren Zeiten träumen, gaben sich einst die Gebrüder Thomas und Heinrich Mann, die österreichische Kaiserin Elisabeth und – eben – der junge Fürst Bismarck die Badetücher in die Hand.
Bismarck war vom Ultental und vor allem von der Tochter des Besitzers in Mitterbad so angetan, dass er seine Verbindung zu diesem Ort mit einem Hochzeitsantrag offizialisieren wollte. Aber da hatte der prominente Protestant die Rechnung ohne den Wirt gemacht. Der erhoffte Schwiegerpapa besann sich nämlich seiner tirolisch-katholischen Tradition und lehnte die Verbindung mit dem Hinweis auf die unüberbrückbaren Konfessionsunterschiede ab. »Ein Luthrischer«, wie die Protestanten von den alten Tirolern noch mit einem kleinen Schaudern genannt werden, war als Gast wohl willkommen, nicht aber als Schwiegersohn.
Frustriert zog der Fürst daraufhin wieder von dannen und stürzte sich offenbar umso intensiver in die Arbeit. Was wäre wohl passiert, fragt man sich, wenn Bismarck einfach geblieben wäre? Schwer zu sagen. Was sicher ist: heute gibt es in Meran die Thermen, in denen Protestanten, Katholiken, Italiener und Deutsche zusammen mit vielen anderen ganz friedlich und zufrieden im selben Wasser planschen. Die »feingliedrige Braut des Südens«, so wie sie sich zwischen österreichischem Flair, italienischem Klima und ökumenischer Selbstverständlichkeit präsentiert, hätte Bismarck und seine Herzdame demnach wohl ebenso glücklich gemacht wie alle anderen, die ihnen in Meran folgten.

1 *Der Ultner Höfeweg ist landschaftlich und auch volkskundlich besonders interessant.* – 2 *Die schindelgedeckten Höfe in Larcha bei Sankt Walburg versetzen den Wanderer zurück in die Vergangenheit.* – 3 *Jedes Jahr zwischen September und Oktober steht das Ultental ganz im Zeichen der Schafe und Lämmer.*

2

3

1

1 Der Wasserfall im Kalmtal bietet im Sommer eine herrliche Erfrischung. – 2 Die idyllische Lage und die schönen alten Bauernhöfe machen Sankt Nikolaus zum beliebtesten Ort im Ultental. – 3 Wenn die falsche Kuh den Kopfschmuck bekommt, funktioniert der Almabtrieb nicht mehr reibungslos. – 4 Ein Besuch bei den über 2000 Jahre alten Urlärchen in Sankt Gertraud darf nicht fehlen.

Der Höhenweg am Sonnenberg über Naturns ist nur etwas für Schwindelfreie, wird aber wie hier mit einer wunderbaren Aussicht belohnt.

Vinschgau

»Do doubm« sagen die Vinschger und meinen sich selbst, vor allem im entlegeneren Teil des Tales. Als »ausgesprochene Intelligenzlandschaft« wurde der Vinschgau unter anderem beschrieben und als Land der starken Gegensätze. Unabhängig davon, wie viel von beidem stimmt, allein die Tatsache, dass sich dieserart Eindrücke und Eigenschaften im Bewusstsein der Vinschger stark eingefurcht haben, ist ein Zeichen für den einzigartigen Charakter von Land und Leuten im wilden Westen Südtirols.

Einer der drei Plombodenseen in 2500 Metern Höhe über dem Ultental.

Wind, Wasser und Wahrheit

Reschen – Naturns – Partschins – Glurns

Ginge es nach dem Gefühl der Vinschger, sähe die Landkarte Südtirols anders aus. Bozen wäre irgendwo unten, das Unterland abseits, das Pustertal hinten und der Vinschgau, als Kopf des Gebildes, oben. »Was wollen die da unten mir sagen, was I mit meiner Wies tun soll«, sagte ein aufgebrachter Vinschger einmal über die in Bozen geschaffenen Gesetze. Bozen, die Landeshauptstadt, ist für die Vinschger nämlich ungefähr das, was für die Bozner Rom ist: unglaublich weit weg. Und folgerichtig sind die Vinschger für den Rest der Südtiroler Welt einfach nur »die da oben«, oder »de do oubm«, wie es in deren Sprache heißt.
Das mit dem Kopf des Landes ist übrigens fast offiziell. Spätestens seit der Historiker Franz Huter den Vinschgau in einer generellen Betrachtung als »ausgesprochene Intelligenzlandschaft« bezeichnet hat, ist es quasi verboten, etwas über die Vinschger zu schreiben, ohne diesen Satz zu zitieren. Die Frage ist freilich, wen Huter genau gemeint hat. Die Obervinschger, die Untervinschger, die Sonnenberger, die Nörderberger? Alle vermutlich irgendwie, und keinen allein spezifisch. Die Kombination macht das Besondere, die Vielschichtigkeit den Charme aus.
Von den »Karrnern« könnte man in diesem Zusammenhang erzählen, jenem fahrenden Krämervolk, das um die Jahrhundertwende zwischen den oberitalienischen Märkten und den Städten nördlich der Alpen hin und her pendelte und für einen Warenaustausch von Orangen, Bauernlinnen, Öl und Wetzsteinen sorgte. Oder von den »Schwabenkindern«, den Kindern von an Hunger leidenden Obervinschger Bauernfamilien, die sieben Monate im Jahr als billige Arbeitskräfte an Bauern in Friedrichshafen »vermietet« wurden. In beiden Fällen wird man feststellen, dass eine ganz eigene Mischung von Stolz und Bedauern bei den Vinschgern anklingt. Die »Karrner« galten zu ihrer Zeit zwar als unredlich – Schicksal aller Nomaden –, wurden später aber zu romantischen Figuren der Vergangenheit, und die »Schwabenkinder« schreiben ein trauriges Kapitel von bitterer Not.
Gegensätze prägen den Vinschgau, auch in Sachen Wasser. Knapp ist es, kurz gesagt, und doch glitzert einem schon nahe der Passhöhe des Reschen ein großer Stausee mit seinem Kirchturm entgegen.

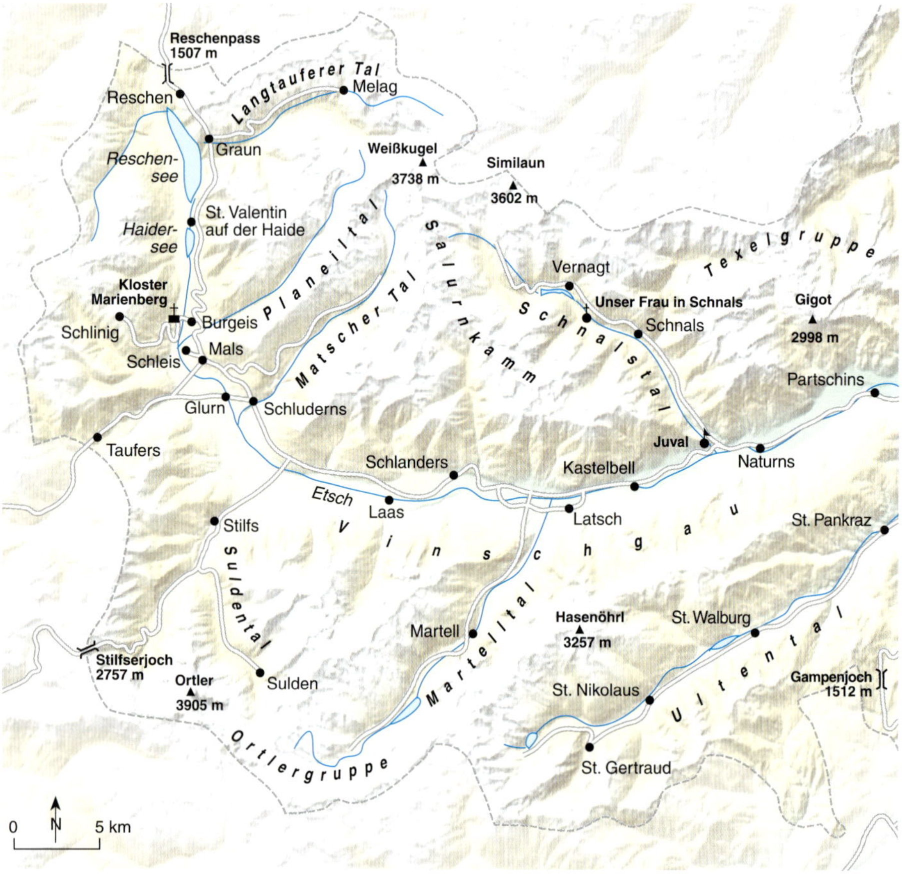

1 *Der Kirchturm von Altgraun ist zum Wahrzeichen des 1950 aufgestauten Reschensees geworden.* – 2 *Auch vor dem Rojental liegt einer der fruchtbaren und so typischen Vinschger Schwemmkegel.*

1

2

1

2

So malerisch das Bild auch sein mag, der Turm ist für die Menschen hier wie ein Stachel in einer alten Wunde: Als Ende der 1940er-Jahre das Dorf Graun, das zum Kirchturm gehörte, von der italienischen Stromgesellschaft Montecatini geflutet wurde, kostete das 163 Häuser und 523 Hektar Nutzfläche.

Was es denn über die klimatischen Bedingungen im Vinschgau zu sagen gäbe, wollte die Naturwissenschaftlerin und Meteorologin Ina Schenk auf ihrer Forschungsreise in den 1950er-Jahren von einem Bauern im Obervinschgau wissen. »Do isch nit viel zu sogn«, sagte dieser, »holt dass olm a Sauwind geat unds nia regnet.« Wohl wahr, und allzu treffend formuliert. Wer sich die Alleebäume an der Straße auf der Malser Haide näher ansieht, wird feststellen, dass deren Kronen synchron und beständig vom Nordwind gegen Südosten ausgerichtet wurden. Wie eingefrorene Wetterfahnen stehen sie in Reih und Glied. Die Trockenheit andererseits ist das dramatischere spezifische Merkmal des Vinschgaus. Im Kloster Marienberg beobachten die Benediktinermönche seit dem fernen Jahr 1857 täglich das Wetter und führen über jeden Tropfen, der in dieser Gegend fällt, genau Buch. Die Bilanz der hohen Priester in diesem mit 1300 Metern höchstgelegenen Kloster Europas ist trocken wie der Sonnenberg: rund 400 bis 600 Millimeter Niederschlag im Jahr, vergleichbar mit der Regenmenge auf Sizilien.

Schon früh erkannten die Bauern und Grundbesitzer, dass es im Vinschgau mit Gottvertrauen allein nicht getan ist. Ein ausgeklügeltes System von Wasseradern war die Folge. Kleine, mutige Rinnsale, die sich ihren Weg durch die im Sommer kargen Flächen der weitläufigen Haide bahnen und der brütenden Hitze trotzen. Den Verlauf dieser Lebensadern regelte der »Waaler« mit einem hellebardenähnlichen Instrument, das er für die Steuerung des Bächleins in den Boden rammt. Ihm oblag die verantwortungsvolle Aufgabe, das knappe Wasser jeweils dorthin zu leiten, wo es am notwendigsten war. Ein paar Stunden auf diese Fläche, ein paar Stunden auf die nächste. Wo die Waale fließen, macht sich das Ergebnis auch heute noch bemerkbar. Überall dort, wo die Sträucher dichter werden, ist der Wirkungskreis des »Waals«. Immer dann, wenn das Wasser in Bewegung ist, setzt ein Wasserrad-Mechanismus – mancherorts – ein Glöckchen zur Kontrolle in Bewegung. »Gutes Wasser«, das ist jenes, das die Wiesen entbräunt, »schlechtes Wasser« wäre die Folge von unvermuteten Sommergewittern, deren Sturzbäche über Nacht die Felder vermuren. Um das zu verhindern, hatten die Waaler früher auch das Recht, sich ungefragt aus dem nächstbesten Stall ein Pferd für den Noteinsatz zu leihen. Im dörflichen VIP-Register waren sie eine Autorität und standen mitunter über dem Bürgermeister und dem Pfarrer. Alles war genau geregelt. In einem der alten Dorfbücher des Vinschgaus heißt es über den Waaler: »Wenn einer von der ganzen Gemeinde an- und aufgenommen wird, so soll er der Gemeinde an Eides statt angeloben, dass er wolle einem jeden, arm und reich, geben und zuteilen, dass er wisse, solches gegen Gott, die Welt, seiner Seele ohne Nachteil und Schaden zu verantworten. Wann sich dann bei gedachtem Waaler eine Fahrlässigkeit befände, so soll er alsbald von seiner Hut Urlaub haben und aus dem Dorf geschaffen werden!«

3

Heute führen an den Waal-Wegen im oberen Vinschgau beliebte Wanderungen entlang. Aber nicht nur. Selbst wenn es in-

1 *Von Kloster Marienberg aus sieht man auf die Fürstenburg, Burgeis und die Malser Haide.* – 2 *Das Benediktinerkloster Marienberg aus dem 12. Jahrhundert.* – 3 *In den Straßen von Burgeis fühlt man sich in die Vergangenheit zurückversetzt.*

zwischen fast überall auch die handelsüblichen Beregnungsanlagen gibt, vor denen sich die Cabriofahrer in Acht nehmen sollten, erfüllen die Waale auch noch ihre ursprüngliche Funktion. »Gott schuf den Wald, der Mensch die Wüste«, sagen die Menschen auf dem Sonnenberg, und dieser Ausspruch erinnert an ein Vinschger Gerücht. Demnach soll Venedig auf den Baumstämmen jenes Waldes stehen, der heute auf dem Sonnenberg fehlt. Darüber erzählt man sich sogar Witze.

Zum Beispiel jenen von dem Touristen, der auf dem kahlen Sonnenberg einen Bauern mit einer großen Säge antrifft. »Guter Mann«, sagt der Tourist, »was machen Sie denn hier mit der Säge?« »I bin Holzfäller«, sagt der Bauer, »und zwar von die Beschtn do oubm.«
»Holzfäller?«, fragt der Tourist erstaunt, »aber hier gibt es ja gar keine Bäume.«
»Eben«, sagt der Bauer, »hab doch g'sagt, dass I guat bin.«

Eines der hartnäckigsten Vorurteile gegenüber den Vinschgern betrifft deren Verhältnis zur Wahrheit. Sprichwörtlich: »Trau schau wem, kei'm Vinschger und kei'm Böhm.« Einmal, so erzählt man sich, soll es hier sogar einen Lügenwettbewerb gegeben haben. Klarer Sieger war nach der Überlieferung ein Mann aus Tartsch, der behauptete, er könne zu diesem Thema nichts sagen, weil bei ihm zu Hause die Lüge nicht existiere. Das wirklich Nette an der Geschichte ist aber, dass dieses Vorurteil, das natürlich jeder Grundlage entbehrt, sogar von eifrigen Volkskundlern fast entschuldigend aufgegriffen wird. »Das Überleben«, schreibt etwa der Vinschger Publizist und Herausgeber Hans Wielander, »erfordert den Widerspruch und die Dialektik als intellektuelles Werkzeug im Existenzkampf und wird von anderen, die keinen so scharfen Blick für die Doppelbödigkeit und Relativität aller Dinge besitzen, aus Unfähigkeit einfach als Lüge bezeichnet.«
Was soll's. Paul Hanny, der sich selbst als staatlich geprüfter Hofnarr bezeichnet, ist mit einer witzigen Schwindelei sogar mal auf der Titelseite der Bildzeitung gelandet. Aus Jux und Tollerei hatte er damals das Gerücht verbreitet, eine Kuh habe ihm 10 000 Mark weggefressen. Der Gag hatte den gewünschten Erfolg, viele *Bild*-Leser eilten nach Sulden, um die geldgefräßige Kuh zu sehen. Dieser Umstand machte Paul Hanny deshalb auch in Sulden, am Fuße des 3902 Meter hohen Ortlers, zu einer Persönlichkeit, die weit über die Talgrenze hinausstrahlt. Und alles mit einer Schwindelei. Zur Vinschger Ehrenrettung sei hier aber darauf hingewiesen, dass Paul Hanny als Suldner genau genommen kein echter Vinschger ist. Wie auch immer.
Kontakte hat sich der umtriebige Tourismusmanager in alle Welt verschafft, und so brachte er es fertig, einmal das »Aktuelle Sportstudio« des *ZDF* für eine Sendung nach Sulden zu bringen, und vor ein paar Jahren soll ihn gar Michael Jackson persönlich besucht haben. Ein Double, ein Schwindel, ein Trick? »Nein«, verspricht er ganz ernsthaft, »diesmal einfach die Wahrheit. Michael wollte seine Ruhe haben«, sagt er, »und ich habe dafür gesorgt, dass er sie bekommt.« Der Stolz, der aus Paul Hannys Augen funkelt, wenn er von seinem neuen Freund »Michael« spricht, ist unmöglich zu übersehen.
Hier, in dieser Ecke der Welt, haben sich gleich mehrere ungewöhnliche Gestalten eingefunden. Yaks zum Beispiel. Unnötig zu fragen, wer diese nach Sulden gebracht hat. Natürlich: Hanny, in diesem Fall zusammen mit Reinhold Messner. Ganz in der Nähe des Weideplatzes hat Messner auch die wohl kleinste alpine Ausstellung eingerichtet. »Alpine Curiosa« nennt sich die Exposition, und der Titel passt. Vor

1 *Der Latschanderwaalweg am Sonnenberg ist Teil eines sehr alten, ausgeklügelten Bewässerungssystems.* – 2 *Die Ortlergruppe mit dem höchsten Berg im Lande bietet eine tolle Kulisse für Wanderer bei der Düsseldorfer Hütte.* – 3 *Blick vom Tappeinerwaalweg am Sonnenberg oberhalb Schlanders.*

2

3

1

2

allem macht sie neugierig auf das, was Messner in Sachen Museum anderswo geschaffen hat. Im neu eröffneten Messner Mountain Museum auf Schloss Sigmundskron bei Bozen natürlich, aber auch im Vinschgau, bei Naturns, auf Schloss Juval, seiner Sommerresidenz. Eine mächtige Burg mit Tibet-Sammlung und Erinnerungsstücken aus Messners Expeditionen. Wie die Touristen halt so sind: Viele zieht es mit einem Funken Schadenfreude vor allem deshalb auf Schloss Juval, weil der große Bergsteiger und Kletterer Messner an der Ringmauer ebendieses Schlosses einmal abrutschte und sich einen Knöchel brach, als er seinen Schlüssel vergessen hatte und deshalb das Eingangstor umklettern wollte. Kein Achttausender, kein Klettersteig, keine Wüste, nur die Mauer seiner Burg zwang ihn auf die Knie.

Das Prokuluskirchlein

In Naturns steht zudem das Kirchlein, das als unbestrittenes Juwel der Südtiroler Sakralbauten gilt. Als unauffällige Insel in den Obstwiesen zieht das Prokuluskirchlein am östlichen Dorfrand nicht zwangsläufig die Aufmerksamkeit auf sich. Dafür aber lassen die restaurierten Fresken aus dem 7. Jahrhundert jeden interessierten Betrachter erblassen. Das berühmteste Motiv, der heilige Prokulus, der glücklich auf einer Schaukel sitzend über die Stadtmauer hinabgelassen wird, ist nur ein Teil des schlicht ältesten Freskenzyklus im deutschen Sprachraum. Die schwungvollen und zugleich einfachen Engel am Triumphbogen und die Ochsenherde an der Westwand sind zusammen mit dem Schaukelmann einzigartige Botschafter einer sonst kunsthistorisch recht schweigsamen Epoche. Der Schlimmste unter den Dämonen, die die Engel mit ihrem Kreuzstab vertreiben mussten, ist bis heute erfolgreich abgewehrt worden. Vielleicht gerade deshalb, weil das Prokuluskirchlein von außen so unscheinbar ist.

Der Schreibmaschinen-erfinder

Eine weitere nennenswerte Geschichte ereignete sich im Vinschgau, und zwar die der Schreibmaschine.
Die sanfteste Umschreibung von dem Schicksal, das den Partschinser Zimmermann Peter Mitterhofer ereilte, ist wohl Pech.
Denn Mitterhofer war jener Mann, der mit seiner Erfindung im Jahr 1864 tatsächlich den Grundstein für die späteren Schreibmaschinen gelegt hatte. Insgesamt fünf Modelle des neuartigen Apparats hatte er eigenhändig konstruiert. Dass sie funktionierten, zeigen die ersten darauf geschriebenen Briefe, die heute noch im Museum in Partschins zu sehen sind.
Sechs Jahre nach dem ersten Mitterhoferschen Geistesblitz packte der Mann zwei seiner Modelle auf eine Kraxe und machte sich zu Fuß auf nach Wien. Die Sachverständigen des damaligen Kaisers Franz Joseph I. fanden die Apparate zwar gut und empfahlen ihrem Regenten, Mitterhofer eine einmalige Subvention in Höhe von 350 Gulden zu gewähren; außerdem sollte man eines der beiden Modelle der Sammlung des Polytechnischen Instituts einverleiben. Aber das war damals auch schon alles.
Und noch immer kocht die Gerüchteküche. Remington, der amerikanische Waffenfabrikant und spätere offizielle Erfinder der Schreibmaschine, soll wenig

später nach Wien gereist sein. Vielleicht auch ins Polytechnische Institut? Peter Mitterhofer fasste trotzig seinen Urheberanspruch in einen Reim: »Schreibmaschinen danken rechtig/Ihren Ursprung in Meran,/Achtzehnhundertvierundsechzig/Sann sie da ein Zimmermann.«
Peter Mitterhofer starb im Jahr 1893 in seinem Haus in Partschins.

1 *Die Schutzhütte Schöne Aussicht: Der Name ist Programm.* – 2 *Meßners tibetische Yaks fühlen sich in der schneebedeckten Landschaft von Sulden fast wie daheim.* – 3 *Das wohl berühmteste Fresko in der Kirche St. Prokulus in Naturns ist »der Schaukler«.*

Glurns, Südtirols kleinstes Juwel

Ein Stück weiter westlich im Vinschgau lässt sich übrigens noch so eine Geschichte erzählen, nämlich im Zusammenhang mit Glurns. Es ist gewissermaßen eine Geschichte von respektablen Mäusen. »Das ist aber ein besonders schönes Dorf«, sagte ein Musiker einmal nach einem Konzert in Glurns zu seinen Gastgebern und erntete prompt entrüstetes

Raunen. Ungestraft darf niemand Glurns ein Dorf nennen, denn Glurns ist eine Stadt. Diese kleinste Stadt Italiens wurde bereits im Jahr 1220 zum Sitz des landesfürstlichen Gerichtes. Im Jahr 1294 erhielt Glurns das Marktrecht, und seit etwa dieser Zeit ist es eine Stadt. Und noch dazu eine, die es in sich hat. Es lohnt sich, einmal auf der Innenseite der vollkommen intakten Ringmauer mit ihren drei behäbigen Türmen nach bleibenden Eindrücken zu stöbern. Malerische Gassen und romantische Winkel werden hier von hübschen Bürgerhäusern aus dem 16. Jahrhundert umrahmt.

Weil das Städtchen im Laufe seiner Geschichte mehrmals von der Etsch und der Puni überschwemmt wurde, mussten die Lauben immer wieder aufgeschüttet werden. Heute tut man daher gut daran, an manchen Stellen den Kopf einzuziehen, wenn man an Höhe nicht gerade die menschliche Variante des schmucken Städtchens verkörpert.

Hier in Glurns wurde im Jahr 1520 auch der berühmte Mäuseprozess verhandelt. Das Gericht erklärte damals die Mäuseschar für schuldig, auf den Feldern der Stadt großen Schaden angerichtet zu haben.

Der Verteidiger, der den Mäusen sogar zugestanden wurde, konnte zwar nicht verhindern, dass die Angeklagten verbannt wurden, aber er erwirkte immerhin, dass die Mäuse dabei »ein frey sicher geleit vor iren Feinden, es seien Hund, Katzen oder andere ire Feind« bekamen.

Jedes Jahr am 2. November wird das kleine Städtchen von einem großen Trubel eingeholt. Der »Sealamoarkt«, auf Deutsch Seelenmarkt, ist eine alte Tradition und ein Pflichttermin für jeden, der sich in einer urtümlichen Marktstimmung zwischen Kühen und anderem Kaufgut verlieren will. Aber Vorsicht: Was aussieht wie die inszenierte Kulisse eines Filmdorfs, ist reales Leben. Was auf dem »Sealamoarkt«, aber auch in sämtlichen Feinkostläden von Glurns und Umgebung eine Investition wert ist, sind die typischen Urprodukte des Tales: das Vinschger Brot, der Vinschger Apfel oder die berühmte Vinschger Marille.

Am Ende jedes ordentlichen Menüs wird man in Südtirol häufig gefragt, ob man noch einen »Nusseler«, also einen Nussschnaps, einen »Treber«, also einen Grappa, oder einen »Marilleler« haben möchte. Die Empfehlung: in dieser Gegend ein Marilleler. Denn die Marillen, wie die Aprikosen »do doubm« genannt werden, gehören zu den besten im ganzen Land. »Diese Früchte«, schrieb der Vinschger Autor Sebastian Marseiler einmal in Erinnerung an seine Kindheit, »waren so köstlich, dufteten so betörend und schmeckten so süß, dass sie mir wie eine Sünde vorkamen und ich im Religionsunterricht dem Pfarrer nie glaubte, dass die Eva im Paradies den Adam nur mit einem kropfeten – also einem verschrumpelten – Apfel herumgekriegt haben soll. Für mich musste das immer eine Marille sein.« Der Beweis ist damit erbracht: Der Vinschgau, das Paradies, ist weder unten noch abseits noch hinten, sondern zwangsläufig oben.

1 *Im Schreibmaschinen-Museum in Partschins.* – 2 *Biken auf der Via Claudia Augusta, einer der Straßen, die schon das Römische Reich durchzogen.* – 3 *Am Hauptplatz von Glurns, der kleinsten Stadt Südtirols, steht das Hotel »Grüner Baum«.*

2

3

Von der Haider Alm aus genießt man den großartigen Blick auf den Reschensee und den Haidersee.

1

2

1 *Ganz in der Nähe des Vernagtsees wurde Ötzi, der wohl berühmteste Südtiroler, aus dem Eis geborgen.* – 2 *Im Bauerngarten am Oberraindlhof wächst, was dann in der Küche verarbeitet wird.* – 3 *Die Jausenstation am Finailhof im Schnalstal wird gern von Wanderern aufgesucht.* – 4 *Mit der Knopforgel lässt sich Stimmung machen.* – 5 *Wirt vom Oberraindlhof in Unsere Frau in Schnals.*

1

2

Südtirols Top Ten

Sterzing

Schon im 12. Jahrhundert eine bedeutende Handelsstadt, Heimat des Freiheitshelden und republikanischen Vordenkers Michael Gaismair, der 1525/26 die Bauernaufstände anführte. Sterzing ist auch als Fuggerstadt bekannt, die reiche Bankiersfamilie besaß um 1200 viele Silber- und Bleibergwerke in der Umgebung. Die »Neustadt« stammt aus dem 15. Jahrhundert, der »Zwölferturm« ist das Zentrum einer sehenswerten Geraden, der »Shoppingmile« von Sterzing. So kühl die Temperaturen Sterzings sein können, so warm ist der Empfang, der hier von den Geschäftsleuten bereitet wird.

Brixner Dom

Der Brixner Dom: ursprünglich ein ottonischer Bau, der um 1200 neu gestaltet wurde und deshalb ein schöner Botschafter der Romanik ist. Heute ist es vor allem ein barocker Prunkbau, der von den damals führenden Künstlern der Gegend gestaltet wurde. Im dreischiffigen Langhaus finden immer wieder lohnenswerte Konzerte in der Reihe »Musik und Kirche« statt. Aber auch ohne die Stars der sakralen Musik sind die Krypta und die drei Apsiden sowie die zwei Fassadentürme sehenswert. Der barocke »Neubau« entstand zwischen 1745 und 1754 mit Fresken von Paul Troger und einem Hochaltar von Theodor Benedetti. Die klassizistische Vorhalle wurde um 1783 von Jakob Pirchstaller gestaltet.

Kloster Neustift

Kloster Neustift wurde im Jahr 1142 vom seligen Bischof Hartmann als Augustiner-Chorherrenstift gegründet und wurde im Land zu einem der Hauptzentren für Bildung (Klosterschule), Kunst (Michael und Friedrich Pacher), Musik und Wissenschaft.
Die Anlage der Stiftsgebäude ist eine der größten Tirols. Dazu gehören die nach dem Jahr 1742 barockisierte romanische Stiftskirche, die Bibliothek, der gotische Kreuzgang, der Weltwunderbrunnen und natürlich die wunderbaren Gärten. Wirtschaftliches Rückgrat des Stiftes sind wie schon immer die Kräuter- und Obstprodukte aus eigenem Anbau und dazu die vielfach prämierten Weine aus der Stiftskellerei.

Naturpark Sextener Dolomiten

Die Drei Zinnen sind die Wahrzeichen des 11 650 Hektar großen Naturparks »Sextener Dolomiten«. Aber von diesem Supermotiv für alle Kameras einmal abgesehen, bietet der Park auch einiges mehr. Die Lärchenwiesen in Bad Moos, am Eingang des Fischleintales zum Beispiel, auf denen von Arnika bis Enzian tausend Blumen blühen, oder die weite Alm der Plätzwiese auf 2000 Metern über dem Meer, die sich ihre ganze Ursprünglichkeit und Natürlichkeit bewahren konnte. Dazu eine Tierwelt, die artenreicher nicht sein könnte.

Pragser Wildsee

Prags gilt als eines der abwechslungsreichsten und schönsten Seitentäler des Südtiroler Pustertals, und als besonderes Juwel dieses Naturparks gilt der Pragser Wildsee. Ein Rundgang um den mit dreieinhalb Kilometern Umfang recht kleinen See dauert über eine Stunde. Aber das liegt vor allem daran, dass man immer wieder stehen bleibt, um sich die Landschaft anzusehen. Wer dann noch immer nicht genug hat, kann versuchen, eines der über 100 Zimmer im denkmalgeschützten Hotel »Pragser Wildsee« zu buchen und sich in die Liste jener Persönlichkeiten einzureihen, die das zuvor auch schon getan haben. Enttäuscht soll bisher keiner gewesen sein.

Dolomiti Superski

Skifahren ohne Ende, mit einem einzigen Skipass. Wer sich vornimmt, das ganze Angebot zu nutzen, sollte allerdings genügend Zeit und Ausdauer mitbringen. Insgesamt stehen mit dem »Dolomiti-Superski«-Pass auf den Hängen rund um den mächtigen Sellastock über 1200 Kilometer Pisten in zwölf Ski-Regionen zur

3

1 *Die Neustadt der Fuggerstadt Sterzing stammt aus dem 15. Jahrhundert, der »Zwölferturm« ist das Zentrum der Einkaufsstraße.* – 2 *Auf dem Sonnenberg wurden Wasserreservoirs gegen die Trockenheit angelegt.* – 3 *Der griffige Schnee auf dem Rosskopf oberhalb von Sterzing macht die Abfahrt zum rasanten Vergnügen.*

Verfügung. Cortina, Alta Badia, Gröden, Marmolada und natürlich der Kronplatz bei Bruneck, einer der bekanntesten Skizirkusse des Landes. Einmal im Jahr, wenn die Tage länger werden, sollte man auf der Sella Ronda das große Massiv des Sellastockes auf Skiern umrunden, um einen wunderbaren Überblick über das UNESCO-Weltnaturerbe Dolomiten zu genießen. Informationen dazu gibt es unter anderem für Internetnutzer auf einer zentralen Homepage: www.dolomitisuperski.com

Bozner Obstmarkt und »Ötzi«

Das Archäologische Museum mit der berühmten Gletschermumie »Ötzi« ist seit seiner Eröffnung ein internationaler Magnet. Zu recht, und nicht allein wegen der Mumie. Wenn man schon da ist, lohnt es sich außerdem, ein paar Schritte weiter auf den Bozner Obstmarkt zu schlendern. Er ist die bunte Fruchtpalette Bozens und nicht nur das. Längst ist der Obstmarkt nicht mehr nur Obstmarkt allein. Frisches Fleisch, die verschiedensten Käsesorten, Brot und im Winter gebratene Kastanien runden das traditionelle Bild ab. Was der Obstmarkt aber immer bleiben wird, ist ein zentraler Orientierungspunkt am Kopfende der Lauben. Ganz so, wie das Goethe zu Beginn seiner Italienreise beobachtet hat.

Meran

Die Stadt allein ist schon einen Besuch wert. Aber wenn man schon mal da ist, sollte man auch bei den Meraner Thermen, dem Botanischen Garten und dem Tourismusmuseum vorbeischauen. Lohnenswert ist der Besuch im neuen Genussmarkt »Pur Südtirol«, in dem das Beste, was die Südtiroler Landwirtschaft zu bieten hat, verfeinert angeboten wird: von Käse über Kräuter und Schokolade bis hin zu Weinen und Spirituosen. Der berühmteste und von der Prominenz besonders geliebte Kurtempel der Passerstadt ist natürlich das »Hotel Palace«, wo sich unter der Anleitung des Gesundheitsmanagers Henri Chenot Ölscheichs und Prinzessinen, Fernseh-Entertainer und Schauspielerinnen aus aller Welt gesund verwöhnen lassen können. Je nachdem, wie groß die Reisekasse ist.

Karthaus im Schnalstal

Die Dorfgeschichte von Karthaus ist einzigartig. Als das dortige Kloster Allerengelsberg im Jahr 1782 aufgelöst wurde, übernahmen die Bauern nach und nach die leer stehenden Gebäude und bauten sie für sich aus. Nach einiger Zeit bot die Kartause den kuriosen Anblick eines Dorfes, das genau dem Klostergrundriss folgte. Leider brannte dieses Unikum 1924 vollständig ab. Aber auch in dem wieder aufgebauten Dorf lassen sich noch zahlreiche Bauteile des alten Klosters entdecken. Der Kreuzgang ist jederzeit frei zugänglich und vermittelt noch die Stimmung der Mönche hinter den kleinen Fenstern. Weiter hinten und oben im Schnalstal steht das ganze Jahr über Gletscher-Skifahren auf dem Programm. Wer oben keinen Platz mehr findet, kann es im ruhigeren Karthaus versuchen.

Kloster Marienberg

Schon von Weitem bietet die mächtige Benediktinerabtei oberhalb von Burgeis im Obervinschgau einen imposanten Anblick. Die hohen weißen Mauern mit den vielen Fenstern leuchten hell über das ganze Tal. Im 11. Jahrhundert schon wurde mit dem Bau der Anlage begonnen. 1156 wurde die Krypta geweiht, 1201 die dreischiffige Basilika fertiggestellt. Als die Basilika im 17. Jahrhundert dem blühenden Barock etwas angepasst wurde, muss eine respektvolle Hand am Werk gewesen sein. Denn die Barockisierung erfolgte in einer vergleichbar sanften Ausführung. Die Krypta von Marienberg zählt heute zu den wichtigsten Beispielen romanischer Freskokunst. Manchmal darf man dem Vespergesang der dort lebenden Benediktiner lauschen und dabei die großen romanischen Engeldarstellungen bewundern.

1

2

Festivals & Events

Egetmannumzug in Tramin
Allerlei Schreckgestalten sind am Faschingsdienstag unterwegs, wenn der Egetmann, eine Puppe im Frack, Hochzeit feiert. Die Ursprünge des wilden Treibens liegen Jahrhunderte zurück und haben etwas mit der Verkörperung eines Fruchtbarkeitskultes zu tun. Vorsicht, wenn man sich diesen traditionsreichen Umzug aus der Nähe ansehen will: Teil des Spaßes ist, dass die Zuschauer in das Spektakel mit einbezogen werden!

Oswald-von-Wolkenstein-Ritt
Die mittelalterlichen Ritterspiele finden Ende Mai zu Ehren Oswalds von Wolkenstein, Minnesänger und Ritter, statt. Sie sind einer der größten Reitwettbewerbe Europas, 35 Mannschaften absolvieren dabei vier Etappenspiele.

Herz-Jesu-Feier
Eindrucksvolle Prozessionen mit Musikkapellen, Schützenkompanien und Gläubigen ziehen am 3. Sonntag nach Pfingsten durch Städte und Dörfer. Die Höhepunkte dieses Tages sind die beeindruckenden Bergfeuer.

Dolomiti Superbike
Das härteste Radrennen in den Dolomiten findet im Juli statt und ist mit seinen 111 Kilometern und einem zu bewältigenden Höhenunterschied von 3000 Metern eines der anspruchsvollsten Mountainbike-Rennen der Welt.

Gustav-Mahler-Wochen in Toblach
Vier Wochen lang feiert Toblach im Juli und August seinen wohl berühmtesten Gast mit Konzerten von internationalen Orchestern sowie Ensembles, Tagungen und Diskussionen.

Ferruccio Busoni
Einer der renommiertesten Klavierwettbewerbe der Welt, immer von Mitte August bis Anfang September. Martha Argerich und Jörg Demus legten unter anderen bei diesem Wettbewerb den Grundstein für ihren Erfolg. Finale und Vorrunden wechseln sich jedes Jahr ab.

Meraner Musikwochen
Das hochkarätige Musikevent im August und September zählt zu den bedeutendsten Festivals klassischer Musik in Europa. Im Laufe der Jahre konzertierten weltbekannte Dirigenten und nahezu alle wichtigen Orchester Europas im Kursaal von Meran.

Südtirol Jazzfestival
Das Festival (Juni/Juli), einst ein Geheimtipp für Spezialisten, ist heute in der internationalen und der Südtiroler Jazzwelt eine wohlbekannte Veranstaltung. Die zahlreichen Konzerte des Festivals finden in ganz Südtirol statt.

Stegener Markt
Altbekannte Rituale – der »Köschtenbrater« am Anfang der Marktbuden, die Frau hinter dem Kleiderstand, der Lederjackenverkäufer, der Mann hinter dem Käsestand, die Viehhändler und der »Luna Park« sowie das gesellige Beisammensein im Festzelt erlebt man in Stegen Ende Oktober.

Schneefigurenwettbewerb in Gröden
Künstler aus dem ganzen Land zeigen Ende Dezember in dem Tal, in dem die meisten Holzschnitzer zu Hause sind, was sie aus und mit Schnee alles zaubern können. Gefragt ist dabei nicht nur Fertigkeit, sondern auch Fantasie, und kaum etwas ist ein geeigneteres Symbol für die Vergänglichkeit von Schönheit als ein Festival mit Figuren, die bald schmelzen.

Internationaler Silvesterlauf »Boclassic«
International bekannte Athleten geben sich bei diesem Mittelstreckenlauf am letzten Nachmittag des Jahres auf dem Waltherplatz in Bozen die Ehre. Gerannt wird durch die winterliche Stadt, die jede Menge Gelegenheiten bietet, als Zaungast bei Glühwein und anderen gastronomischen Angeboten am Rande zu stehen – vorausgesetzt, man ist nicht qualifiziert, mitzurennen.

3

1 *Selbstverständlich wird an Feiertagen die Tracht getragen. – 2 Die Bergbauernhöfe an den steilen Hängen sind wie eigene kleine Welten. – 3 Trachten gibt es für jede Altersstufe.*

Zeittafel

Um 7000 v. Chr.
Skelettfunde und Steinwerkzeuge belegen schon in der mittleren Steinzeit die ersten menschlichen Siedlungen.

Um 2000 v. Chr.
Jungsteinzeit. Ötzi, der Mann vom Hauslabjoch, begibt sich auf seine letzte Reise.

15 v. Chr.
Die Brüder Tiberius und Drusus, Stiefsöhne von Kaiser Augustus, ziehen mit ihren Heeren nach Norden. Drusus errichtet nahe des heutigen Stadtkerns eine Militärstation und nennt sie Pons Drusi. Der Alpenraum wird Teil des Römischen Reiches.

Um 800 n. Chr.
Weite Teile Tirols, darunter das Pustertal, das Eisacktal, der Bozner Talkessel und der Vinschgau, sind Teil des Herzogtums Bayern.

12. Jahrhundert
Die Gafen von Tirol, die seit 1140 auf Schloss Tirol bei Meran leben, gehen beim Kampf zwischen den Adelsgeschlechtern um die weltliche Vormachtstellung als Sieger hervor.

1363
Der einzige Sohn aus zweiter Ehe der Landesfürstin Margarete Maultasch, Enkelin Meinhards II., stirbt. In der Folge geht Tirol mit Rudolph IV. von Österreich an die Habsburger.

1796–1797
Napoleon erobert Mailand, seine Truppen ziehen nach Norden. Die Bürger Bozens schließen den Herz-Jesu-Bund, ein Gelöbnis, mithilfe Gottes dem Feind die Stirn zu bieten.

1805
Österreich tritt im Zuge der Pressburger Friedensverhandlungen Tirol an das napoleonische Bayern ab. Das Land soll von nun an Südbayern heißen.

1809
»Andreas Hofer«-Aufstand. Nach der vierten Schlacht gegen die Franzosen am Berg Isel flüchtet Hofer, wird aber verraten und am 20. Februar 1810 in Mantua erschossen.

1919
Der Friedensvertrag von Saint Germain. Italien schlägt sich am Ende des Krieges auf die Siegerseite und bekommt Südtirol zugesprochen.

1922
Am 28. Oktober 1922 wird Mussolini in Rom zum Ministerpräsidenten ernannt. Südtirol wird Teil der Provinz Trient, die deutschen Ortsnamen sollen abgeschafft werden.

1923
32-Punkte-Programm zur Italianisierung Südtirols. Deutsche Schulen sollen eliminiert, italienische Zuwanderung staatlich gefördert, die deutschen Namen der Südtiroler übersetzt werden.

1939
Hitler und Mussolini beschließen ein Umsiedlungsabkommen (Option). Jeder Südtiroler muss entscheiden, ob er in die versprochenen »Neuen deutschen Länder« ziehen oder in Italien bleiben will. Über 80 % optieren für Deutschland.

1943
Mussolini wird gestürzt, die deutsche Wehrmacht zieht in Südtirol ein.

1945
Nach Kriegsende wird unter strenger Beobachtung der Alliierten die Südtiroler Volkspartei (SVP) als Sammelpartei der deutschsprachigen Bevölkerung von einer Gruppe von »Dableibern« gegründet.

1946
Die Außenminister Österreichs und Italiens unterzeichnen den Pariser Vertrag. Die Südtiroler, die in Südtirol die sprachliche Mehrheit sind, bleiben bei Verwaltungsfragen in der Region in der Minderheit.

1961
In der Nacht vom 11. Juni sprengen Südtirol-Aktivisten 47 Hochspannungsmasten der staatlichen Stromgesellschaft. Verhaftungen und Folterungen sind die Folge. Später kommt es zu weiteren Attentaten.

2006
Während der Bauarbeiten für das Messner Mountain Museum findet man die Gebeine einer 6000 Jahre alten Frau.

2012
Anlässlich der Feierlichkeiten zum 66. Jahrestag des Pariser Abkommens werden die Staatspräsidenten Österreichs und Italiens, H. Fischer und G. Napolitano, mit dem großen Verdienstorden des Landes Südtirol ausgezeichnet.

1

2

Übernachten & Genießen

Eisacktal

Übernachten

Hotel Elephant
Die erste Adresse in Brixen. Der Name des Hotels erinnert an jenen 20. Dezember 1551, als ein Großherzog einen Elefanten in Logis gab. Weisslandstr. 4, I-39042 Brixen, Tel. +39 0472/832750

Pension Briol
Auf 1300 Metern über dem Eisacktal steht ein ehemaliges Schutzhaus, das 1928 im Bauhausstil erneuert wurde. Auch die Küche folgt alten Traditionen. 39040 Barbian/Dreikirchen, Tel. +39 0471/650125, www.briol.it

Genießen

Gourmetstube Einhorn im Romantik-Hotel Stafler
Mit einem Michelin-Stern und zwei Hauben des Gault Millau ausgezeichnet und unter Führung des Küchenchefs Peter Girtler. Mi Ruhetag. 39040 Mauls/Freienfeld, Tel. +39 0472/771136, www.stafler.com

Pretzhof
Vom alten Bauernhof in Tulfer bei Sterzing genießt man einen wunderbaren Ausblick auf den Sterzinger Talboden. Mo und Di Ruhetag. Tulfer 259, 39040 Wiesen/Pfitsch, Tel. +39 0472/764455, www.pretzhof.com

Dolomiten

Übernachten

Romantik Hotel La Perla
Das La Perla ist eines, das Restaurant mit dem Namen des Hausherren (Stüa de Michil) eigentlich ein anderes. Beide warten aber mit Topqualität auf. Col Alt-Str. 105, 39033 Corvara, Tel. +39 0471/831000, www.hotel-laperla.it

Hotel Heubad
Die Heilwirkung von Heubädern ist unbestritten, Rheuma, Arthrose, Gelenk- und Rückenschmerzen sollen mit ihrer gärenden Wärme geheilt werden können. Schlernstr. 13, 39050 Völs, Tel. +39 0471/725020, www.hotelheubad.com

Genießen

Restaurant St. Hubertus
Stars wie Tom Cruise und Markus Lanz lieben seine Küche: Der Chefkoch Norbert Niederkofler führt hier seine Vorliebe für hiesige Qualitätsprodukte zur Perfektion. Strada Micurá de Rü 20, 39030 St. Kassian in Abtei, Tel. +39 0471/849500, www.rosalpina.it

Restaurant-Schutzhütte Emilio Comici
2.200 m über dem Meer, direkt unter den steilen Felshängen des Langkofel und nur zu Fuß oder auf Skiern erreichbar. Plan de Gralba 24, 39048 Wolkenstein, Tel. +39 0471/794121, www.rifugiocomici.com

Bozen

Übernachten

Hotel Greif/Parkhotel Laurin
Parkhotel Laurin und Stadthotel Greif, das sind die beiden noblen Zwillingsschwestern für die gute Nacht in Bozen. Hotel Greif: Waltherplatz, 39100 Bozen, Tel. +39 0471/318000, www.greif.it
Parkhotel Laurin: Laurinstr. 4, 39100 Bozen, Tel. +39 0471/311000, www.laurin.it

Trattnerhof
Wenige Minuten von Bozen entfernt. Der Bauernhof bietet einen herrlichen Blick auf den Rosengarten und über die Stadt Bozen. Reichrieglerweg 19, 39100 Bozen, Tel. +39 0471/271915, www.trattnerhof.net

Genießen

Wirtshaus Vögele
Traditionelles Bozner Lokal. Lokale Gerichte gibt es in jeder (auch verfeinerter) Form. Goethestr. 3, 39100 Bozen, Tel. +39 0471/973938, www.voegele.it

Batzenhäusl
Brauhaus, Gasthaus und Kleinkunstbühne in einem. Das alles als Erbe eines der ältesten Lokale Bozens. Andreas-Hofer-Str. 30, 39100 Bozen, Tel. +39 0471/050950, www.batzen.it

Unterland – der Süden

Übernachten

Hotel-Restaurant Seegarten
Der Kalterer See ist der größte See in Südtirol und natürlich auch ein großer Magnet zu jeder Jahreszeit. Am Hotel

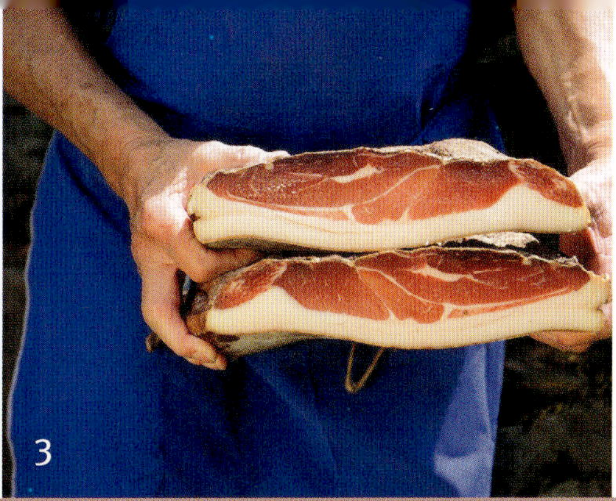

1 *»Hotel Greif« in Bozen: Jedes Zimmer ist ein Kunstwerk für sich.* – 2 *Der Blick auf die Kassianspitze von Latzfonser Kreuz aus ist herrlich.* – 3 *Speck, Brot und Wein ergeben eine wunderbare Pause à la Südtirol.*

Seegarten kann man ihn in aller Ruhe auf sich wirken lassen. St. Josef am See 17, 39052 Kaltern, Tel. +39 0471/960260, www.seegarten.it

Bad Turmbach
Inmitten von Apfelwiesen, Burgen und Schlössern verbreitet der Landgasthof eine familiäre Atmosphäre. Turmbachweg 4, 39057 Eppan/Berg, Tel. +39 0471/662339, www.turmbach.com

Genießen

Restaurant Zur Rose
Das Restaurant gehört zu den Jeunes Restaurateurs d'Europe und ist im Michelin mit einer kleinen, aber vielsagenden Blume gekennzeichnet. Josef Innerhoferstr. 2, 39057 St. Michael/Eppan, Tel. +39 0471/662249, www.zur-rose.com

Vineria Paradeis
Die Weinschenke am südlichen Zipfel der Südtiroler Weinstraße gehört zur Kellerei Alois Lageder und bietet neben hochdekorierten Weinen leichte Küche und täglich wechselnde Gerichte aus möglichst ökologischem Anbau an. St. Gertraud Platz 10, 39040 Margreid an der Weinstraße, Tel. +39 0471/809580, www.aloislageder.eu

Meran

Übernachten

Grand Hotel Palace
Das luxuriöse Hotel im Herzen der Stadt beherbergt auch den »Espace Henri Chenot«, ein besonderes Spa, das von so mancher Berühmtheit in Anspruch genommen wird. Cavourstr. 2–4, 39012 Meran, Tel. +39 0473/271000, www.palace.it

Fragsburg
Ein ehemaliges Jagdschlösslein wie aus dem Bilderbuch. Über dem Meraner Talkessel gelegen, bietet es einen lohnenden Ausblick über das Etschtal, in den Vinschgau und das Ultental. Fragsburgerstr. 3, 39012 Meran, Tel. +39 0473/244071, www.fragsburg.com

Genießen

Restaurant Sissi
In der Küche des Restaurants Sissi wird nichts einfach aufgewärmt. Andrea Fenoglio, der Chef, knetet sogar zweimal täglich frische Nudeln für seine Gäste. G.-Galilei-Str. 44, 39019 Meran, Tel. +39 0473/231062, www.andreafenoglio.com

Brauerei Forst und Biergarten
Praktisch überall, wo man in Südtirol ein Bier bestellt, bekommt man ein Forst angeboten, und natürlich hat die Forstbrauerei eigene Lokale, eines auch im Zentrum Merans. Die Brauerei selbst am Westende von Meran ist aber auch ein beliebtes Ausflugsziel. Freiheitsstr. 90, 39012 Meran, Tel. +39 0473/236535, www.forsterbrau.it; Vinschgauerstr. 9, 39022 Forst/Algund, Tel. 0473/447727, www.brau gartenforst.com

Vinschgau

Übernachten

Gasthof Grüner Baum
Glurns, die offiziell kleinste Stadt Italiens, ist allemal eine Reise wert. Der Gasthof liegt genau im Zentrum des kleines Schmuckstücks. Stadtplatz 7, 39020 Glurns, Tel. +39 0473/831206, www.gasthof gruenerbaum.it

Alpengasthof Tibet Hütte
Wer hoch hinauswill, ist auf der Tibet Hütte auf 2800 Metern Höhe im wörtlichen Sinne gut aufgehoben. Fam. Thoma, 39020 Stilfs, Tel. +39 0473/611635 (Winter), 0342903360 (Sommer), www.tibet-stelvio.com

Genießen

Restaurant Kuppelrain
Ein Ort, um dem kulinarischen Genuss zu frönen. Man sollte die beeindruckende Weinkarte auf sich wirken lassen. Die Chefin des Hauses legt viel Wert auf Qualität. So und Mo Mittag geschl. Bahnhofstr. 16, 39020 Kastelbell, Tel. +39 0473/624103, www.kuppelrain.com

Gasthaus Zur Krone
Schon das kleine Dorf Laas überrascht mit seiner Weltoffenheit. Lesungen und Ausstellungen machen das Gasthaus zu einem einzigartigen Treffpunkt. Hauptplatz 10, 39023 Laas, Tel. +39 0473/626533, www.krone-laas.it

1

2

Südtirol von A bis Z

Alkohol
Südtirol wird vor allem im Herbst zum Törggelen oft von Reisegesellschaften mit feucht-fröhlichen Absichten heimgesucht. Achtung: Die Alkoholpegelgrenze liegt in Südtirol wie auf dem übrigen italienischen Staatsgebiet bei maximal 0,8 Promille, und die Geldbußen liegen weit über dem deutschen Standard. Führerscheinentzug ist keine Ausnahme.

Anreise
Die Provinz besitzt seit 1999 einen eigenen Regionalflughafen. Flüge aus und nach Mailand, Rom und München werden angeboten, zusätzlich gibt es saisonbedingte Charterangebote. Gut zu wissen: Mit der Alitalia besteht ein Abkommen, dass der Anschlussflug nach/von Bozen (via Rom und Mailand) besonders günstig ist. Die meisten Urlauber erreichen Südtirol aber nach wie vor mit dem Auto. Entweder auf der Autobahn über den Brenner oder über einen der anderen Pässe (Reschenpass, Timmelsjoch, Innichen). Von praktisch überallher erreicht man Südtirol bequem mit dem Zug, und von der Landeshauptstadt aus geht es per Schiene an fast jedes Ziel.

Apotheken
Die Apothekendienste sind vergleichbar mit jenen in Deutschland, Österreich und der Schweiz. Dienste außerhalb der regulären Geschäftszeiten sind in der Südtiroler Tageszeitung *Dolomiten* aufgelistet.

Ärztliche Versorgung
Die ärztliche Versorgung entspricht dem mitteleuropäischen Standard. Das größte Krankenhaus (mit Erste-Hilfe-Station) ist das in Bozen; zumindest offiziell sind hier alle Angestellten zweisprachig. Für Freizeitunfälle stehen in der Regel landesweit drei Rettungshubschrauber abrufbereit. Notruf: 118, Weißes Kreuz: 0471 444314

Baden
Die meisten Südtiroler Fremdenverkehrsorte haben öffentliche Schwimmbäder, Badeseen gibt es hingegen nicht so häufig. Dennoch lohnt sich ein Ausflug zum Kalterer See und den Montiggler Seen im südlichen Landesteil, zum Völser Weiher oder zum idyllischen Vahrner See bei Brixen.

Banken
Die Südtiroler Banken bieten durchwegs Service in beiden Landessprachen an. Zusätzlich haben inzwischen praktisch alle Filialen Bankautomaten, die mit einer regulären EC-Karte genutzt werden können.

Behinderte
Einige Reiseveranstalter bieten behindertengerechtes Reisen in Südtirol an. Die meisten neuen öffentlichen Gebäude und Museen sind mit entsprechenden Eingängen und Aufzügen ausgestattet. Wer auf eigene Faust reist, kann sich entsprechende Zusatzinformationen bei der Südtioler Marketinggesellschaft (SMG) holen. Tel. +39 0471/ 999888, www.hallo.com

Berge
Südtirols Bergwelt erstreckt sich mit dem höchsten Gipfel, dem Ortler, auf bis zu 4000 Meter Höhe. Die Dolomiten (rund 3000 Meter) sind beliebt bei Kletterern und Wanderern. Viele Wandermöglichkeiten auch ohne spezifische Bergerfahrungen bieten die Mittelgebiete der Täler.

Bus
In ganz Südtirol gibt es ein dichtes Netz öffentlicher Verkehrsmittel. Wer sich mit dem Bus fortbewegen will, ist gut beraten, eine Wertkarte zu kaufen (an jedem beliebigen Zeitungskiosk), diese gilt für alle Busse und Eisenbahnen im Land und für viele Seilbahnen. Info: 840 000 471

Camping
In Südtirol gibt es ca. 30 Campingplätze, die alle die üblichen Dienste anbieten. Vor allem jene in der Nähe von Naturparks sind in der Hochsaison stark frequentiert.

Elektrizität
Überall im Land ist Wechselstrom zu 220 Volt vorgesehen. Allerdings gibt es in älteren

3

1 *Dorfidylle in St. Michael.* – 2 *Wie ein geometrisches Muster breiten sich die Obstplantagen im Vinschgau aus.* – 3 *Der Kalterer See genießt einen tollen Ruf, die Weine ernten immer wieder Preise.*

Pensionen manchmal noch Schwierigkeiten bei den Steckdosen. Wer einen Schuko-Anschluss, zum Beispiel für Computer, braucht, sollte einen Zwischenstecker dabeihaben.

Essen

Südtirols Küche prägt die Verschmelzung der verschiedenen Kultureinflüsse. Experimentieren lohnt sich überall, weil der Standard eigentlich nie unter ein erträgliches Niveau fällt. Vor allem in den Städten gibt es zudem zunehmend internationale und exotische Küche.

Fernsehen

Die meisten Hotels und Pensionen besitzen Satellitenschüsseln und bieten damit das ganze Spektrum der Fernsehkultur an. Lokale Programme sind zum einen das dritte Fernsehprogramm des italienischen öffentlich-rechtlichen Senders *RAI* (Sender Bozen), zum anderen das Südtiroler Regionalfenster des österreichischen *ORF* (Südtirol Heute). Daneben gibt es auch italienische Privatsender.

Feste und Feiertage

1. Januar: Neujahr
6. Januar: Dreikönigstag
Ostermontag
25. April: Befreiung vom Faschismus
1. Mai: Tag der Arbeit
Pfingstmontag
15. August: Mariä Himmelfahrt
1. November: Allerheiligen
8. Dezember: Mariä Empfängnis
25. Dezember: Weihnachten

Neben diesen offiziellen Feiertagen gibt es regionalspezifische Feste, die auf unterschiedlichste Art und Weise gefeiert werden, z.B. der Todestag Andreas Hofers (20. Feb.) und das Herz-Jesu-Fest (3. So im Juni).

Film

In den großen Ortschaften gibt es Kinos, die auch die neuesten Filme zeigen (Deutsch und Italienisch). Daneben gibt es einen Filmclub mit mehreren Außenstellen. Programminfos liefern die Tageszeitungen.

Gasthäuser

Gasthäuser gibt es über ganz Südtirol verteilt in allen Varianten. Ein bisschen Glück muss bei der Auswahl mitspielen, es lohnt sich, den Wirt nach seiner jeweiligen Spezialität zu befragen. Üblicherweise freuen sich alle Gastwirte über ernsthaftes Interesse und offenherziges Auftreten. In allen Gastbetrieben herrscht übrigens Rauchverbot.

Hotels

Hotels gibt es in jeder Preisklasse. Das Maximum an Auszeichnung sind vier Sterne mit einem Plus. Trotzdem sind die Preise meistens weit unter jenen in anderen italienischen Städten. Ein sauberes Bett mit Frühstück gibt es bei jedem Anbieter.

Information

Alle Informationen über Veranstaltungen und Hotels laufen in der Südtiroler Marketinggesellschaft (SMG) oder im örtlichen Tourismusverein zusammen. Die meisten Südtiroler Tourismuszentren und Dörfer haben unter ihrem eigenen Namen entsprechende Webseiten. SMG, Pfarrplatz 11, Bozen Tel. +39 0471/999888, www.hallo.com

Jahrmärkte

Überall in Südtirol gibt es regelmäßig Jahrmärkte. Spezifische Informationen haben die örtlichen Medien und die SMG (s. oben).

Kinder

Südtirol ist ein kinderfreundliches Land. Praktisch alle Museen bieten ein Sonderprogramm für die Kleinen an, in den größten Städten der Provinz gibt es zudem zahlreiche Parks und Spielplätze. Größere Hotels in Tourismuszentren verfügen oft über Kinderhorte.

Kleidung

Kleiderkauf ist zwar in praktisch allen Städten, besonders in Bozen, ein Erlebnis. Wer jedoch auf Schnäppchen aus ist, sei gewarnt: Das Preisniveau ist vergleichbar mit jenem in deutschen Großstädten.

Klima

Südtirol ist von einem weitgehend milden Klima ver-

1

2

Südtirol von A bis Z

wöhnt, Meran gilt als das wintermildeste Gebiet des deutschen Sprachraums. Dafür rangiert Bozen bei den sommerlichen Höchsttemperaturen italienweit im oberen Feld. Im regenarmen Vinschgau bot vor einigen Jahren ein Hotelier eine Geld-zurück-Garantie bei Regenwetter an, fiel damit aber ins Wasser. Dennoch gilt Südtirol allgemein als regenarm.

Kultur

Die wahre kulturelle Szene spielt sich in Südtirol noch auf den Kleinkunstbühnen ab. Das Spektrum reicht von Kabarett und Improvisationstheater in kleinen Sälen bis zu renommierten Inszenierungen im großen Bozner Stadttheater. Zudem gibt es Museen für jeden Interessenbereich. Das berühmteste und meistbesuchte ist das Archäologiemuseum in Bozen, Heimat des »Ötzi«. Auch ein Besuch im Museum für moderne Kunst (Museion) in Bozen lohnt sich, ebenso das Naturkundemuseum in Bozen, der Botanische Garten und das Tourismusmuseum (Touriseum) in Meran, das Schreibmaschinenmuseum in Partschins, das Ladinische Museum in St. Martin in Thurn, das Waffenmuseum auf der Churburg im Vinschgau, u. v. m.

Musik

Praktisch jedes Südtiroler Dorf hat eine eigene Musikkapelle, die bei festlichen Anlässen auftritt. Viele Gastbetriebe in den Städten beherbergen vor allem an Wochenenden außerdem Bands der unterschiedlichen Sparten. Inzwischen haben sich auch einige Musikfestivals etabliert, darunter das Meraner Musikfestival, der Busoni-Klavierwettbewerb und das Jazz-Festival in Bozen.

Namen

Alle Orts- und Flurnamen in Südtirol sind zweisprachig. Es lohnt sich, die jeweiligen offiziellen Namen dem entsprechenden Gesprächspartner anzupassen. Das fördert die Kommunikationsstimmung. Im Übrigen ist es empfehlenswert, bei allen offiziellen italienischen Stellen komplizierte deutsche Namen behutsam zu buchstabieren, das Verständnis für die deutsche Schreibweise ist nicht bei allen Beamten gleich gut ausgebildet.

Naturpark

In Südtirol gibt es acht großflächige Gebiete, die als Naturparks ausgewiesen sind. Den Besuchern verlangen diese Parks besondere Verhaltensregeln ab. Camping ist hier verboten. Im Übrigen sollte jeder Jäger- und Sammlertrieb besonders hier in Zaum gehalten werden. Bewundern und beobachten sind die angebrachtesten Tätigkeiten in diesen Gebieten.

Notruf

Polizei: 112 und 113
Rettungswagen: 118
Feuerwehr: 115

Parken

Besonders in den Städten Südtirols ist kostenloses Parken für einen längeren Zeitraum praktisch unmöglich. Allerdings stehen fast überall bewachte Parkplätze oder Tiefgaragen zur Verfügung. Die Nutzung der offiziellen Parkmöglichkeiten ist empfehlenswert.

Post und Telefon

Briefmarken und Telefonwertkarten sind in jedem »Tabacchino«, das heißt in jeder Tabaktrafik bzw. bei jedem Zeitungshändler erhältlich. Die Post in Südtirol orientiert sich allerdings am süditalienischen Standard, häufig erreichen die Urlaubserzählungen den Adressaten früher als der Kartengruß. Öffentliche Telefone sind seit dem Boom der Handys stark reduziert worden. Münzapparate haben Seltenheitswert und sind leider kaum mehr mit Telefonbüchern ausgestattet.

Quellen

An praktisch jeder Landesgrenze entspringt eine Quelle: Der Eisack am Brenner, die Etsch am Reschen und die in die Donau mündende Drau nahe der östlichen Landesgrenze bei Toblach. Ansonsten gibt es im ganzen Land vielfach genutzte Heilquellen.

1 *Fresko im Prokuluskirchlein von Naturns.* – 2 *Farbtupfer in Südtirols Berglandschaft.* – 3 *Typisch für die Sarner Tracht ist die Federkielstickerei an den Gürteln.*

Religion

Südtirol ist katholisch geprägt. Protestantische Kirchen und Gemeinden gibt es in Meran und Bozen, in Meran zudem eine jüdische Gemeinde. Durch die zunehmende Zuwanderung aus Nordafrika gibt es mittlerweile auch kleine muslimische Gemeinden.

Restaurant

In Südtirols größten Städten, Bozen und Meran, aber auch in den Seitentälern hat sich der internationale Anspruch der guten Küche durchgesetzt. Man braucht nur selten tiefer in die Tasche zu greifen, um vorzüglich zu speisen. Wer sich etwas Besonderes gönnen will, hat sogar ein paar Michelin-Restaurants zur Auswahl. Manche Restaurants haben eigene Raucherstuben, ansonsten gilt auch hier: Rauchverbot allerorten.

Sport

Laufen, Reiten, Radfahren, Wandern, Raften, Schwimmen, Tennis, Golf … Das sportliche Angebot ist reichhaltig, winters wie sommers. Zudem kommen aus Südtirol viele Wintersportler, die international an der Spitze mitmischen. Kaum ein Land investiert so viel in die Sportförderung der einzelnen Kategorien.

Sprache

Südtirol hat zwei Landessprachen: Deutsch und Italienisch. Vor allem die jüngeren Generationen sind zweisprachig, durch die Schule und immer mehr auch durch das Zusammenleben der Sprachgruppen. Während das deutsche Südtirolerisch deutlich als süddeutsch-alemannischer Dialekt erkannt wird, lehnt sich das Italienische am Standard an. Im Grödner und im Gadertal wird auch noch Ladinisch als lokale Verkehrssprache benutzt.

Törggelen

Das Törggelen im Herbst mit neuem Wein und gebratenen Kastanien gehört zu den erfolgreichsten »Produkten« Südtirols. Der Ursprung des Törggelen ist im Eisacktal, wo heute aber nicht weniger Betriebe darauf eingestellt sind als anderswo. Um ein für alle Mal ein Missverständnis aus der Welt zu schaffen: Die Bestellung lautet bitte niemals »einmal Törggelen«. Einfach bestellen, was auf der Karte steht!

Wein

Südtirol ist ein ausgesprochenes Weinland, längst vorbei die Zeiten, in denen man sich vor billigem Wein fürchten musste. Der Anspruch ist überall gestiegen. Das bedeutet aber auch, dass die Auswahl immer schwieriger wird, wer die Wahl hat, hat die Qual. Jedenfalls lohnt es sich, nach Südtiroler Weinen zu fragen. In den meisten Gastbetrieben wird eine breite Auswahl angeboten.

Wellness

Zahlreiche Hotels, aber auch Gemeinden, entsprechen heute dem touristischen Zeitgeschmack für Wellnessprogramme aller Art. Erlebnisbäder, Sauna, Beautyfarm, Heubäder, Massagen, Milchbäder, Kneippkuren, kaum ein Detail dieses Bereiches fehlt in einem der großen Täler. Die europäische Adels- und Geldprominenz findet sich das ganze Jahr über immer wieder gern im Meraner »Hotel Palace« ein.

Zeitungen

Es stehen jedem interessierten Lesepublikum in Südtirol zwei deutschsprachige lokale Tageszeitungen (*Dolomiten*, die auflagenstärkste, *Die neue Südtiroler Tageszeitung*, die frechste) zur Verfügung. Darüber hinaus sind zwei italienische Tageszeitungen (*Alto Adige*, die auflagenstärkste, *Corriere dell'Alto Adige*, die herausfordernde) und eine informative Wochenzeitung (*FF*) mit Fernsehprogramm auf dem Markt. Für Termine und Konzertveranstaltungen sind die *Dolomiten* und die *FF* besonders empfehlenswert, sonntags erscheinen lediglich *Alto Adige* und die *Dolomiten*-Schwester *Zett*. Wer sich während des Urlaubs über das internationale Geschehen informieren will, sollte sich eine der internationalen Zeitungen am Kiosk kaufen.

Register

1 Bäuerin in Sarner Tracht. – 2 Die Sextner Talwiesen erblühen in den verschiedensten Grüntönen. – 3 Holzarbeiten gehören zu den Beschäftigungen während der ruhigen kalten Jahreszeit.

Impressum

Der Fotograf
Udo Bernhart arbeitet seit mehr als 35 Jahren als freier Fotograf und Fotojournalist. Im Vinschgau aufgewachsen und der Südtiroler Landschaft eng verbunden, führten ihn Aufträge in die ganze Welt: Feuerland, China, Alaska, Kamtschatka... Seine Aufnahmen sind in deutschen sowie internationalen Magazinen erschienen. Er hat zahlreiche Fotoreportagen und mehr als 60 Bildbände veröffentlicht. Er lebt in Frankfurt am Main. Mehr unter: www.udobernhart.de

Die Autoren
Zeno von Braitenberg, Jahrgang 1964, lebt in Meran und arbeitet als Redakteur und Moderator für die deutschen Programme der *RAI*. Zudem schreibt er für überregionale Zeitungen wie die *Süddeutsche Zeitung* und die *FAZ*.

Paul von Braitenberg, geboren 1995, besucht in Bozen das wissenschaftliche Lyzeum. Als neugieriger Leser und Schreiber interessiert er sich seit jeher für die Werke seines Vaters. Für diesen Band hat er sich mit dessen Texten intensiver auseinander gesetzt und sie mit seiner eigenen Wahrnehmung Südtirols und dem Ergebnis zahlloser Streifzüge durch das Land abgeglichen. Er wohnt mit seiner Familie in Meran.

Bildnachweis
Alle Bilder des Innenteils und des Umschlags stammen von Udo Bernhart, außer:
Bildagentur Huber, Garmisch-Partenkirchen: S. 68/69 (Römmelt, B.);
Shutterstock (www.shutterstock.com): S. 105 M. (Chih, H.), 132 u. (Drachenko, O.), 132 o. (LianeM).

S. 2/3: Blick über die Weinberge von Juval auf Naturns
S. 5: Traditionen werden hochgehalten in Südtirol, wie Trachten überall wunderschön spiegeln
S. 6/7: Barockes Juwel: das Schloss Wolfsthurn in Mareit
S. 8/9: Die Burg Neuhaus versteckt sich im Dickicht des Tauferer Ahrntals.
S. 158/159: Aufwendig gestaltete Heiligenfiguren zieren überreich die Klöster und Kirchen Südtirols.

Umschlag
Vorderseite: Corvara gegen Sassongher im Gadertal (Bildagentur Huber, Garmisch-Partenkirchen/Gräfenhain)
Rückseite: Die Gärten von Schloss Trauttmansdorff

Alle Angaben dieses Werkes wurden vom Autor sorgfältig recherchiert und auf den aktuellen Stand gebracht sowie vom Verlag geprüft. Für die Richtigkeit der Angaben kann jedoch keine Haftung übernommen werden.
Für Hinweise und Anregungen sind wir jederzeit dankbar. Bitte richten Sie diese an:
Bruckmann Verlag
Postfach 40 02 09
D-80702 München
E-Mail:
lektorat@bruckmann.de

Produktmanagement: Stephanie Iber
Korrektorat: Anke Höhne, München
Layout: graphitecture book & edition, Rosenheim
Kartografie: Astrid Fischer-Leitl, München
Umschlaggestaltung: Ulrike Huber, www.uhu-design.de, Kolbermoor
Repro: Repro Ludwig, Zell am See
Herstellung: Bettina Schippel, Barbara Uhlig
Printed in Slovenia by Florjancic

Die Deutsche Nationalbibliothek verzeichnet diese Publikation in der Deutschen Nationalbibliografie; detaillierte bibliografische Daten sind über http://dnb.d-nb.de abrufbar.

ISBN 978-3-7654-6053-1

In gleicher Reihe erschienen ...

ISBN 978-3-7654-5645-9

ISBN 978-3-7654-5854-5

ISBN 978-3-7654-6052-4

ISBN 978-3-7654-5644-2

ISBN 978-3-7654-6025-8

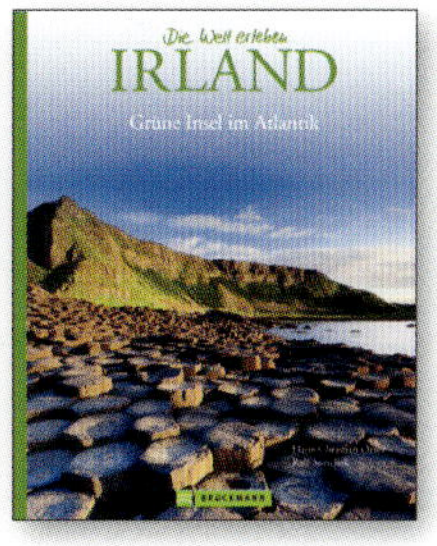

ISBN 978-3-7654-5371-7

ISBN 978-3-7654-5853-8

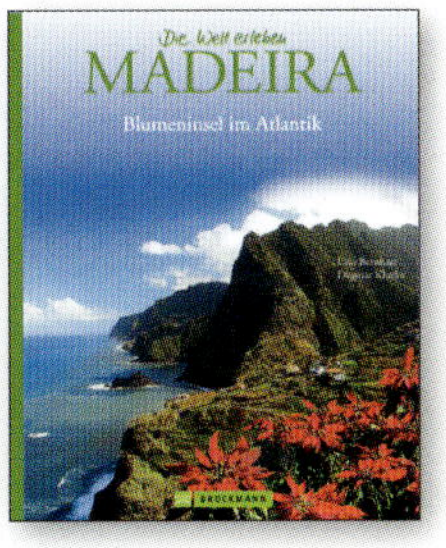

ISBN 978-3-7654-6163-7

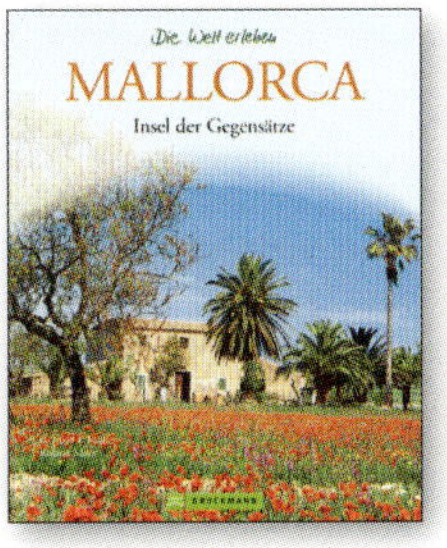

ISBN 978-3-7654-5647-3

ISBN 978-3-7654-6026-5

ISBN 978-3-7654-5643-5

ISBN 978-3-7654-5821-7

ISBN 978-3-7654-5535-3

ISBN 978-3-7654-5646-6

ISBN 978-3-7654-5418-9

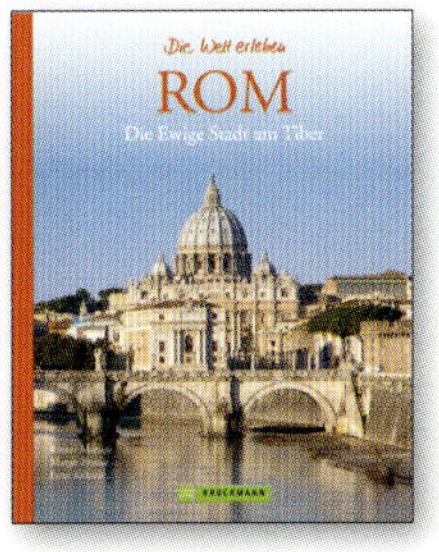

ISBN 978-3-7654-5649-7

ISBN 978-3-7654-5372-4

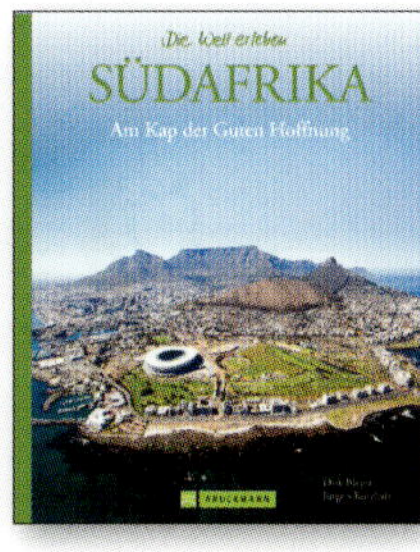

ISBN 978-3-7654-6051-7

ISBN 978-3-7654-6053-1

ISBN 978-3-7654-5642-8

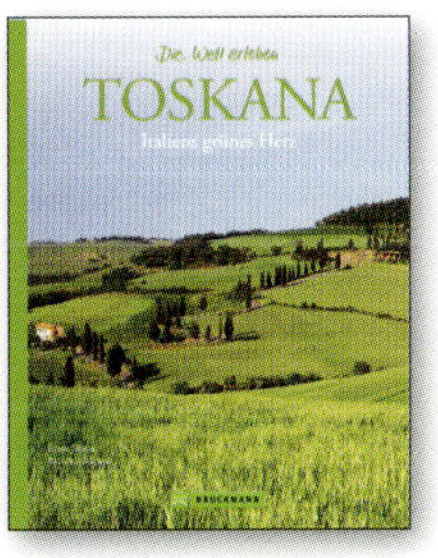

ISBN 978-3-7654-5648-0

ISBN 978-3-7654-6055-5

ISBN 978-3-7654-5865-1

BRUCKMANN

www.bruckmann.de